꿈꾸는 **은퇴** 후의 **삶**을 만드는
코칭 기반 경험경력자원화 **5단계 Process**

경험과 경력에서 은퇴 자원 찾기

최승영 지음

엠브릿지

프롤로그

오십 줄에 접어든 후 곳곳에서 회사를 그만두었다는 친구들의 소식을 듣는다. 나이가 벌써 그렇게 되었나 싶은데, 그건 현실이다. 우리는 꿈 많던 사회 초년병 시절을 거쳐 이직과 퇴직까지 참 많은 성공과 실패 속에서 시간이 빠르게 흘렀다는 것을 실감한다.

은퇴자에게는 몇 가지 공통점이 있다. 첫 번째는 대부분은 은퇴가 자의가 아닌 타의에 의한 것이다. 두 번째는 대부분 은퇴 준비를 하지 않았다는 것이다. 그래서 세 번째는 절벽 혹은 막다른 골목 앞에 선 막막함을 느끼고, 그 감정은 고스란히 불평과 불만, 원망이 뒤를 이어 부정적인 감정에 휩싸인다는 것이다. 네 번째는 퇴직 후 돈벌이를 위해 직업을 선택할 때 근거 없는 돈벌이 소문에 의존한다는 것이다. 마지막 다섯 번째는 안타깝게도 적지 않은 이들이 행복하지 못한 삶을 살고 있다는 것이다.

이런 상황이 너무나 안타까웠다. 준비 없이 퇴직한 이들의 마음은 너무나 무겁다. 먼저 느끼는 막막한 감정은 먹고 사는 문제와

직결되기 때문이다. 매월 정해진 날짜에 입금되던 급여는 퇴직금과 함께 종적을 감춘다. 급여는 가족의 생활비이며, 자녀의 교육비이고, 부모님께 드리는 용돈과 생활비이며, 여가와 취미를 즐길 수 있는 기반이다. 급여는 이런 안정된 삶을 영위하기 위한 전제 조건 외에도 그 사람의 지위이고, 존재감이다. 급여의 소멸은 이 모든 것을 위태롭게 혹은 불가능하게 만든다.

막연함은 조급함의 다른 이름이다. 준비 없이 은퇴를 맞이한 삶은, 이 공백을 채우기 위해 다양한 대안을 찾게 된다. 그중 가장 솔깃한 것은 'OO를 하면 돈을 많이 번다'의 '카더라 통신'이다. 그러다 보니 경험도 지식도 없는 주식과 부동산에 영끌이라는 간절한 마음을 담아 퇴직금은 물론 대출까지 받아 투자하는 이들이 너무나 많다.

결과가 좋으면 다행이지만 그렇지 않은 경우가 너무나 많다. 결국 낭떠러지 끝으로 밀리다 못해 한 손으로 간신히 매달리는 형

국이 되고 만다. 조급함에서 시작된 감정은 막연함에 이어 절망으로 이어진다.

2021년에 발간한 코칭 기반 은퇴 준비서 〈빨리 은퇴하라〉는 이러지도 저러지도 못하는 중년의 퇴직자를 위해 무언가를 해야겠다는 생각에서 비롯되었다. 그리고 그 중심은 자신의 삶에서 자신이 온전한 주인공이 되어야 한다는 것이었다.

그렇게 하기 위해서는 스스로 현재 상황을 인식하고, 목표를 설정하고, 그 목표를 이루기 위한 실행 계획까지 스스로 만드는, 코칭을 기반으로 구성했다. 그래서 은퇴를 맞는 자신에 대한 성찰부터 목표 설정, 실행 계획 수립까지 온전히 자신이 주인공이 되어 설계하도록 도왔다.

〈빨리 은퇴하라〉 발간 후 많은 곳에서 강의 요청을 받았다. 수강생 중 적지 않은 분들은 힘들지 않게 돈을 많이 벌 수 있는 직업을 추천해 줄 것이라는 기대로 참여했다고 했다. 하지만 필자의 교육은 숟가락으로 밥을 떠 입에 넣어주는 교육이 아니다. 모든 것을 스스로 하는 것이다. 교육을 받은 후, 교육생들은 은퇴 후의 삶을 왜 자기중심으로 설계해야 하는지 깨달았다고 했다. 그리고 단순한 직업을 넘어, 어떻게 살 것인가에 대한 고민도 함께할 수 있어 너무나 좋았다고 했다. 그리고 교육생끼리 동업을 시작하는 것도 볼 수 있었다. 강의에 참석해 든든한 동반자까지 얻은 것이다.

그동안 은퇴 후 창업과 창직에 성공한 이들을 많이 만났다. 저마다 안착과 성공의 안정적 자리에 오르기까지 겪은 고난과 역경, 그리고 해법과 실행, 성취는 한 편의 영화와도 같았다.

무용담 같은 이들의 이야기에서 나는 매우 중요한 공통점을 발견했다. 그리고 그 공통점은 원하는 꿈을 현실로 만드는 프로세스로 작용하고 있었다. 바로 '**의도**(意圖)' '**의견**(意見)' '**의식**(意識)' '**의미**(意味)' '**의지**(意志)'로 상호 매우 유기적인 관계를 맺어 마치 하나처럼 작용했다.

이 책은 상기 프로세스를 기준으로 구성되었다. 각 프로세스는 지극히 자기 자신에게 집중되어 있고, 자신을 성찰하며, 자신이 직접 미래를 계획할 수 있도록 했으며, 생각의 깊이와 확장을 구체화하기 위해 다양한 툴도 넣었다. 이를 통해 독자는 자신을 새롭게 인식하고, 은퇴 이후의 삶에 대한 중요성과 가치를 깊이 깨달으며, 그것을 이루기 위한 저마다의 구체적 실행 계획까지 세울 수 있다.

한 권의 책이지만 인생 전체를 통찰해야 하기 때문에 꽤 많은 시간이 걸릴 수 있다. 하지만 그만큼 깊은 성찰과 치밀한 계획을 세울 수 있다. 혼자 하는 것보다 함께 할 수 있는 동반자가 있다면 서로 응원하며 지지하는 데 큰 힘이 된다. 그리고 책에 담지 못한 내용이 적지 않아 직접 교육받기를 권한다. 더 많은 배움, 나눔을 통한 성찰, 생각하지도 못했던 많은 동반자와 조력자를 만날 수 있다.

평균 퇴직 연령 49.4세. 100세 시대에 남은 삶만큼은 자신이 주인공으로 우뚝 설 수 있기를 간절히 바란다. 당신은 지금까지 참

고단한 삶을, 누구보다 열심히 살아왔다. 이제는 각자가 꿈꾸는, 자신의 삶에서 자신이 주인공으로 우뚝 서는 '나다운 삶'을 살 수 있기를, 이 책과 교육을 통해 이루기를 간절히 바란다.

늘 아낌 없는 응원과 지지로 든든한 힘이 되는 가족과 너무나 소중한 친구 기지훈 세무사, 기꺼이 자신의 삶을 소개할 수 있도록 허락한 고선우 님, 이현창 님 그리고 마스터피스 얼라이언스의 코치님들에게 감사의 마음을 전한다. 또한 코칭을 알려주신 스승, 블루밍경영연구소의 MCC 김상임 코치님께 각별한 고마움을 전한다.

Masterpiece Alliance 대표

최승영

목차

I. 은퇴, 모두에게 현실이다

갑작스러운 퇴사 통보······················ 14

급여, 이젠 더 이상 없다 ···················· 18

건강, 예전 같지 않다······················· 22

인맥, 10%도 안 남는다····················· 27

디지털 시대, 설 자리는 더욱 좁아진다 ············· 29

기대 수명 83.5세, 평균 퇴직 연령 49.4세 ············ 39

2인 기준 은퇴 후 최소 생활비, 월 240만 원 ·········· 43

퇴직 3년 후 당신의 모습은? ··················· 47

일을 한다는 것, 두 가지 의미 ·················· 51

은퇴 준비, 지금이 최고의 적기다 ················ 54

II. '내 사업', 모든 이의 꿈이다.

누구나 꿈이 있었다························ 64

컴퓨터 영업 사원에서 국내 굴지의 렌털사 대표로 ····· 66

식품 유통 직원에서 식판 세척 비즈니스 대표로······· 73

회사원에서 취미를 사업으로 ··················· 80

성공을 만드는 공통점, 자신만의 자산 활용··········· 83

III. 꿈을 이루는 프로세스

프로세스의 다른 이름, 지름길 · · · · · · · · · · · · · · · · · · 90

당신의 미래는 어떤 색깔인가? · · · · · · · · · · · · · · · · · 93

자신에게 거는 마법의 주문 · · · · · · · · · · · · · · · · · · · 96

성공 확률을 높이는 기적의 프로세스 · · · · · · · · · · · · · · 104

IV. 프로세스 1_의도

꿈꾸는 삶에 담긴 간절한 의도 · · · · · · · · · · · · · · · · · · 110

건물주가 꿈? · 113

어떤 면에서 기쁨을 느끼는가? · · · · · · · · · · · · · · · · · 117

당신이 꿈꾸는 미래의 삶은? · · · · · · · · · · · · · · · · · · · 120

V. 프로세스 2_의견

내 생각이 옳다? · 128

내 안의 나는 나에게 어떤 말을 할까? · · · · · · · · · · · · · · 136

창피해하는 게 창피한 것이다 · · · · · · · · · · · · · · · · · · 140

귀와 마음을 열어라 · 143

인맥, 조력자 그룹으로 재정리하라 · · · · · · · · · · · · · · · 146

VI. 프로세스 3_의식

왜 의식해야 하는가? ····················· 156

나는 누구인가? ························ 160

내가 아는 나, 타인이 아는 나 ················ 166

성공 경험 속 다섯 가지 자원 찾기 ·············· 170

난파선에서 숨은 보물찾기 ·················· 187

효율성과 효과성을 만드는 재능 자원 ············· 195

의식해야 자원이 된다 ···················· 203

VII. 프로세스 4_의미

은퇴 후의 삶은 나에게 어떤 의미인가? ············ 208

나의 관심 분야는? ······················ 212

손바닥에 희망 직업군 올리기 ················· 218

픽업! 구체적인 직업 콕 찍기 ················· 223

인적 자원에서 조력자 찾기 ·················· 228

은퇴 후 재무 계획 설계하기 ·················· 232

직업과 재무 계획표 연결하기 ················· 243

VIII. 프로세스 5_의지

나를 세우는 힘, 셀프 리더십·····················252
나를 브랜드로, 자기 브랜딩 ····················257
나는 진심으로 원하는가? ······················262
숫자로 구체화하는 실행 계획 ··················264
실행력을 높이는 장치 만들기 ··················267

IX. 중년의 창업 창직을 위한 지원

중년 재취업, 건강 및 생활, 생애 설계 지원 정책·······272
중년 창업 지원 정책 ···························278
자, 이제 시작이다······························284

I

은퇴
모두에게 현실이다

말 그대로 세월이 쏜살같이 빠르게 흘러 누구나 은퇴를
진중하게 생각하게 될 나이가 된다. 그리고 은퇴하게 된다.
기업을 경영하는 CEO도, 그룹 회장도 예외는 아니다.
자격증을 가지고 정년 없이 일할 수 있는 전문직도 마찬가지다.
은퇴는 모두에게 현실이다.

 갑작스러운 퇴사 통보

퇴근길, 한 친구로부터 전화를 받았다. 갑작스럽게 퇴사하게 되었다는 것이다. 만나면 항상 처음부터 끝까지 자신이 하는 일과 성공담을 무협지처럼 얘기해, 그 친구의 별명은 성에 무협지를 붙인 '박협지'였다. 애사심도 대단했다. 그 친구의 얘기를 들으면 마치 그 친구가 대표이사 같았고, 평생 그 직장에서 일할 것만 같았다. 그래서 적잖은 충격이었다.

뭐라 얘기해야 할지 몰랐다. 막상 회사로부터 퇴사 통보를 받고 나니 많은 감정이 올라왔는데 첫 번째 감정은 누구보다 열정을 가지고 나름 성과도 냈는데 회사가 알아주지 않은 것에 대한 '배신감'이었고, 두 번째는 이제 매출에 대한 스트레스가 없어진 '홀가분'이었다. 취기가 꽤 오른 듯 그 친구의 발음은 곡예를 타고 있었고, 감정도 그랬다.

과연 시원섭섭함이 다일까? 남편과 투덕거려도 늘 남편 자랑을 했던 그의 아내와 대기업에 다니는 아버지를 자랑하던 고등학생 두 아들에게 이 상황을 어떻게 설명해야 할까에 대한 걱정이 앞섰다. 어떤 말로 위로와 용기를 주어야 할지 몰라 듣고만 있었는데,

그 친구가 말했다. "야, 나 이제 가족한테 뭐라고 얘기해야 하냐?"

그 친구의 꿈은 항해사였다. 어촌의 가난한 가정에서 태어나 어려운 가정 환경 속에서 자라며 그는 늘 선주를 부러워했다. 그래서 그에게 최고의 성공은 선주가 되는 것이었고, 이왕이면 멋진 배를 구입해 직접 운전하며 세계를 다니는 일을 하고 싶다고 했었다. 가난이 싫어 죽어라 공부했고, 죽어라 일했으며, 그렇게 돈 번으로 아이들이 좋은 대학에 진학할 수 있도록 사립 초중고에 진학시켰다.

살아온 얘기를 꼬인 혀로 주섬주섬 풀어냈는데, 마무리는 암담함으로 귀결되었다. 결국 시원섭섭한 감정은 '암담함'으로 귀결되었다. 당장 다음 달부터 무엇을 해야 할지, 앞으로 어떻게 살아야 할지 암담한 것이었다.

자의든, 타의든, 반 자의든, 반 타의든 회사를 그만두게 되었다는 전화는 이 친구 외에도 많이 받는다. 나이가 그럴 때지, 라고 생각하고 넘기기에는 너무나 힘들어한다. 일을 한다는 것은 먼저 먹고 살기 위해 돈을 번다는 것이고, 또 자신의 존재감이기도 하다. 그동안 벌어놓은 혹은 노후를 위한 준비를 잘해놓은 이들도 막상 안전하다고 생각했던 직장이라는 테두리에서 벗어나는 순간 마음은 헛헛해지고, 경우에 따라 두렵고 또 고통스러워하는 경험을 하곤 한다.

대부분 이때를 마주하고 나면 '왜 은퇴 준비를 미리 하지 않았을까?'에 대해 '후회' 한다. 아픈 감정의 크기가 클수록 후회도 커지게 마련이다. 은퇴 준비를 미리 한 이들은 아픔도 고통도 훨씬 덜하다. 오히려 미래를 기대로 채우는 이들도 많다. 준비하지 않은 이들은 은퇴 준비를 한 이들을 보며 부러움을 넘어 후회와 상실감, 자괴감까지 느끼는 것을 많이 봤다.

필자의 전작, 코칭 기반 은퇴 준비서 〈빨리 은퇴하라〉 출간 후 진행한 많은 강의를 통해 만난 이들은 현실을 인정하고, 은퇴 후 계획을 차분히 그리고 세심히 세운 덕에 불안함 대신 기대와 희망, 안정감을 찾았다고 했다. 이보다 더 큰 보람은 없다.

결국 피할 수 없는 은퇴라는 현실은 '준비'가 답이다. 소위 '카더라 통신'에 의지하지 않고, 자신이 누구인지, 어떤 삶을 꿈꾸는지, 그 꿈을 이루기 위한 분명한 목표는 무엇인지, 그것을 이루기 위해 무엇을 할지를 스스로 결정해야 한다. 그래야 더 안정적이고, 만족할 수 있는 삶을 살 수 있다.

'의례를 통하여 개인의 인생 고비를 넘긴다'라는 것에 착안한 프랑스의 인류학자, 아놀드 반 게넵(Arnold van Gennep)은 개인 삶의 과정에 초점을 맞추어, 태어나고 어른이 되고 결혼하고 자녀를 생산하고 죽음을 처리하는 과정을 고려하여 삶을 설명하려고 했다. 그는 삶에서 의례만 따로 떼어 내거나 일생 의례의 범주만 따로 분리하여 이해하려고 한 것이 아니라, 의례라는 현상을 통해서 삶을 구성하는 구상과 행동들이 통합적으로 드러남을 보여주려고 시도했다. 그리고 1908년, 그는 '통과의례(rites of passage)'라는 용어를 창안했다.

출생, 성인, 결혼, 죽음 등 인생의 통과의례처럼 직장인의 삶을 통과의례에 비유한다면 취업, 이직, 승진, 은퇴일 것이다. 다만 인생 통과의례의 마지막인 죽음은 끝을 뜻하지만, 일에서의 은퇴는 그렇지 않다. 어쩌면 직업 통과의례의 첫 번째 관문으로 다시 돌아가는 순환의 사이클의 시작일 수 있다. 그런데 그 과정이 참 쉽지 않다. 그렇게 하기 위해서는 철저한 준비를 해야 한다.

은퇴 준비, 언제까지 미루겠는가?

# 급여, 이젠 더 이상 없다

생각해 보자. 직장 생활을 하며 매달 정해진 날짜에 입금되던 월급은 어쩌면 당연한 것이었다. 물론 일에 몰두해 열심히 일한 때도 많았지만, 일을 열심히 하지 않아도 정확한 날짜에 정확한 금액이 입금되니 어쩌면 보험 같은 생각도 들었을 것이다. 게다가 이따금 보너스도 받고, 경우에 따라 인센티브도 받을 수 있으니, 급여일은 늘 기다림의 대상이었다. 직장 생활이 힘들어도 급여일이 되면 급여 통장에 입금된 급여 내역을 확인하고 입가에 웃음을 머금었을 것이다. 그것은 힘든 직장생활을 버텨낼 영양제이기도 했다.

사회 초년병으로 돌아가 보자. 처음 사회생활을 시작하기에 앞서 직업 선택의 기준은 일반적으로 '관심이 있는 분야'와 '연봉'이 가장 컸다. 자신이 하고 싶은 분야가 무엇보다 중요했다면 조금 낮은 연봉도 감수했다. 이를테면 공무원을 원했다면 민간기업에 비해 상대적으로 낮은 연봉을 감수하더라도 공무원 시험을 준비했다. 하지만 원하는 분야만 고집하지 않았다면 당연히 연봉이 우선이었다. 그리고 이왕이면 안정적이고 높은 연봉을 받을 수 있는 대기업을 선호했다. 그러니 취업 정보에서 그 회사가 얼마나 크고 탄탄한 회사인지와 연봉은 너무나 중요한 기준이 되었다.

나 역시 그랬다. 나는 군에서 행정병으로 복무하며 내근직이 내 성향에 맞지 않는다는 것을 알게 되었다. 대학교 4학년 때 여러 회사에 합격했지만, 어느 날 우연히 본 일간지 광고를 통해 웅진출판에서 잡지기자 공채 1기를 뽑는다는 것을 보게 되었다. 전혀 생각해 보지 않았던 기자. 생각해 보니 여러모로 나의 성향과 맞았다. 취재하기 위해서는 외근을 해야 하고 또 사회적으로도 주목받는 직업이었고, 큰 회사라 연봉에 대한 기대도 컸다. 합격한 자신을, 기자로 열심히 취재하는 자신을 상상하니 흐뭇함이 얼굴에 번졌다.

서류 전형과 취재 실기, 각 매체 편집장과 그룹 회장 등 두 차례의 면접을 거쳐 합격했다. 이미 합격했던 다른 회사를 포기하고, 잡지기자로 사회생활의 문을 열었다. 연봉도 비교적 높았다. 당시만 하더라도 군필자는 군 복무 기간을 경력으로 인정해 군 미필자와 여자보다 연봉이 높았다. 연봉을 월로 나누면 큰 차이는 아니었지만 그래도 좋았다. 당시 최종 합격한 공채 1기 기자는 다섯 명으로 나를 제외한 네 명은 여자였다. 동기들은 내가 돈을 더 버니 커피를 사라고 했다. 그 말마저도 뿌듯했다.

일은 너무나 재미있었다. 그리고 2002 한일 월드컵으로 국내가 뜨거웠던 여름, 우리나라에서 가장 큰 잡지사인 디자인하우스로 스카우트되었다. 그리고 얼마 후 이탈리아 라이선스 한국판 여행 잡지 〈DOVE〉의 편집장이 되었다. 일도 재미있었고, 승진이라는 보상도 큰 기쁨이었다. 그리고 시간이 지나 패션 잡지 〈STYLE H〉의 편집장이 되었다. 이후 사보 등 기업의 콘텐츠 제작을 대행하는 부서의 편집장에 이어 임원이 되었다.

연차가 쌓이며 연봉도 올랐고, 매년 성과에 따라 받는 성과금도 받았다. 한 해에는 모든 부서를 통틀어 가장 큰 수익률을 기록해 두둑한 성과금과 더불어 모든 부서원이 당시에 화젯거리였던 아이패드 미니를 선물로 받기도 했다.

그렇게 직장 생활을 하던 중 퇴사를 결심했다. 몇 가지 이유가 있었다. 외부적 요인으로는 소위 김영란법으로 불리던 '부정청탁 및 금품등 수수의 금지에 관한 법률'이 2016년 9월 28일에 시행되었는데, 이 법률에 따르면 사보를 발행하는 사보 관련 의사결정 및 발행업무에 관여한 기업의 대표이사, 담당자, 업무책임자 등 실무 종사자, 편집위원 및 실제 사보 발행 업무에 참여한 직원이 적용 대상이 된다. 기업이 자사의 고객을 케어하기 위해 소식지로 소통하는 게 당연했지만, 리스크를 없애기 위해 갑작스럽게 거의 모두 폐간되었다. 결국 그렇게 컸던 소식지 시장은 타이태닉처럼 침몰했다.

내부적으로는 정년이 보장되지 않는 상황을 더욱 깊게 실감했기 때문이었다. 여행 잡지 편집장 시절 갑자기 퇴사 명령을 받은 모부서의 부장님이 내게 한 "최 편집장, 10년 후를 생각해요. 난 그걸 못해서 참 막막하네."라는 말이 깊게 다가왔다. 생각해 보니 독립을 미루면 미룰수록 나이가 들어 독립할 용기도 없어질 것이라고 생각했다. 다행히 그즈음 하고 싶은 분야인 코칭을 찾은 것도 큰 용기가 되었다. 퇴사를 말리시는 대표이사께서는 세 차례에 걸쳐 꾸중과 애정으로 만류하셨지만 결국 퇴사했다.

얼마 후 내 급여 통장은 퇴직금을 마지막으로 그 회사에서 15년 동안 정확한 날짜에 입금되던 급여 입금은 끝났다. 당연히 예상은 했지만, 막상 익숙해진 '급여일의 입금'이 더 이상 없어지자 복잡한 감정이 일었다. 급여가 입금되지 않는다는 것은 소속도 없어진다는 것임을 뜻했다. 미팅 때 주던 명함도 효용이 끝난 것이다.

그렇게 퇴직을 현실로 느끼게 되었다. 그리고 다른 식으로 돈을 벌어야 한다는, 매우 현실적인 상황과 마주하게 되었다. 나 역시 퇴직 준비가 없던, 대책 없이 용감하기만 했던 결정이었다는 것을 인정한다. 만일 퇴직 3년, 아니 1년 전으로 돌아간다면 나에게 어떤 질문을 했을까? 아마도 이 질문이었을 것이다.

은퇴 준비, 언제까지 미루겠는가?

 건강, 예전 같지 않다

    잡지사의 모든 일정은 매월 마감일에 맞춰진다. 정해진 발행일에 맞춰 발행되어야 하니 모든 게 마감일을 기준으로 업무가 돌아갔다. 마감 때는 주말도, 연휴도, 명절도 없었다. 처음 잡지기자로 일하며 전설처럼 들려오는 얘기가 있었다. 같은 회사 옆 매체 편집장의 얘기로, 그분은 기자 때 출산일 바로 직전까지 근무했는데, 출근 때 출산이 임박한 통증을 느껴 취재 수첩을 회사 경비실에 맡기고 출산하러 갔다는 것이다. 지금 생각하면 말도 안 되는 얘기인데, 당시에는 엄청난 책임감으로 칭송받았었다.

    잡지사의 편집부 기자는 대부분 여자였다. 처음 근무했던 결혼 잡지인 〈My Wedding〉도, 그 후에 근무했던 패션 잡지 〈madame FIGARO〉도 나만 빼고 모두 여자였다. 마감이 끝나면 선배들은 두 팀으로 나뉘었다. 한 팀은 병원에 갔다. 며칠 밤을 지새우니 당연히 몸에 무리가 오고, 마감 때문에 못 갔던 병원에 가는 것이다. 다른 한 팀은 점집에 갔다. 앞으로 이런 생활을 언제까지 해야 하는지 듣고 싶어서였다. 물론 또렷한 답은 못 듣지만, 말하자면 일종의 이벤트였던 것이다.

월간지 부서에 근무할 때는 한 달에 한 번만 마감하면 되었지만, 사보 등 기업 출판 대행 부서는 월간, 격월간, 계간 등 정기간행물에 단행본, 브로슈어, 리플렛 등 비정기 발행물은 물론 온라인 콘텐츠까지 하다 보니 정말 마감이 끝이 없었다.

게다가 일 욕심이 많아 고객사의 VIP를 대상으로 하는 이벤트까지 했다. 종이 매체, 온라인 매체, 오프라인 고객 행사까지…. 어느 경쟁사도 종이 매체, 온라인 매체, 오프라인 이벤트까지 세 분야를 하는 회사는 없었다. 당연히 매출은 높아졌고, 고객사로부터 받는 신뢰도 높아졌다. 고객사에 대한 이해도 높아져 다양한 제안도 할 수 있었고, 업무는 더욱 확대되었다.

그런데 40대 중반에 접어들며 새벽까지 일하는 게 힘들어졌다. 집중도도 떨어지고, 노안까지 생겨 글을 읽는 것도 예전 같지 않게 불편함이 커졌다. 게다가 나이가 드니 가족력도 생겨 병원을 찾는 일이 늘어났다. 동년배나 선배들을 만나면 첫 이슈는 늘 건강이었다. 어디가 아프고, 어떤 약을 먹고, 어느 병원이 좋고….

그렇다. 나이가 들면 여기저기 아프다. 지금 생각해 보면 그때만 해도 그리 아프거나 체력이 달린 것은 아니었다. 지금은 자고 나도 예전만큼 개운하지도 않고, 복용하는 약의 수와 종류도 늘어났다. 혹시라도 도움이 될까 챙겨 먹는 건강보조식품까지 합하면 매일 먹는 약의 양이 상당히 많다. 그걸 왜 보나 싶었던 TV의 건강 프로그램도 언제부턴가 보게 되었고, 유튜브에서 건강 관련 영상을 찾아보기도 한다.

자동차를 오래 타면 카센터에 가는 일이 잦아지듯, 몸 역시 나이가 들면 병원을 찾는 일이 많아질 수밖에 없다. 고치거나 교체해야 할 부품이 많아지듯 치료해야 할 병도 늘어간다. 서글프지만 현실이다. 그런데 문제는, 은퇴 후 수입은 현격히 떨어지는 반면 의료비는 갈수록 늘어난다는 것이다.

건강보험심사평가원에서 발표한 〈2023년 연령별 건강보험 적용대상자 1인당 진료현황〉을 보면 1인당 연간 진료비가 60~64세는 2,960,278원, 65~69세는 3,939,912원, 70~74세는 5,015,954원, 75~79세는 5,884,098원, 80~84세는 6,861,963원, 85세 이상은 7,403,219이다. 60~64세의 연간 진료비가 80~84

건강보험심사평가원 〈2023년 연령별 건강보험 적용대상자 1인당 진료현황〉					
구분	건강보험 적용대상자(천 명)	요양급여비용 (억 원)	진료일수 (천 일)	1인당 진료일수 (일)	1인당 진료비 (원)
60~64세	4,170	123,446	106,549	25.55	2,960,278
65~69세	3,310	130,411	108,359	32.74	3,939,912
70~74세	2,160	108,354	88,762	41.09	5,015,954
75~79세	1,593	93,732	74,354	46.68	5,884,098
80~84세	1,232	84,567	65,355	53.03	6,861,963
85세 이상	920	68,108	53,340	57.98	7,403,219

세가 되면 세 배 이상 높아진다.

건강수명이라는 게 있다. 건강수명은 기대수명에서 질병 또는 장애가 있는 기간을 제외한 수명으로, 신체적으로나 정신적으로 특별한 이상 없이 생활할 수 있는 기간을 의미한다. 그렇다면 어떤 상태를 건강하다고 할 수 있을까? '건강'이라는 추상적인 개념을 이해하기 위해서는 우선 정의에 대한 이해가 필요하다.

세계보건기구(WHO)는 '건강은 단순히 질병이 없는 상태가 아니라 신체적·정신적·사회적으로 양호(well-being)한 상태'라고 본다. 즉 건강은 질병, 장애, 신체활동, 정신건강, 사회적 안녕의 측면을 종합적으로 고려하는 개념이다.

통계청이 발표한 기대수명에 따르면 2023년 기준 우리나라 국민의 기대수명은 83.5세로, 남자는 80.6세, 여자는 86.4세다. 전년 대비 남녀 전체 0.8세, 남자 0.7세, 여자 0.8세가 늘어났다. 기대수명은 0세 출생자가 앞으로 생존할 것으로 기대되는 평균 생존연수를 의미한다.

의학의 발달 등 다양한 이유로 기대수명은 늘고 있다. 달리 보면 기대수명에 못지 않게 중요한 것은 건강수명이다. 2022년 대한민국의 건강수명은 기대수명에 훨씬 못 미치는 65.8세로, 기대수명과 약 17년의 차이를 보인다. 쉽게 말해 약 17년 동안 신체적·정신적·사회적으로 건강하지 못한 삶을 산다는 것이다. 결국 약 17년의 차이를 줄여야 노후 생활을 행복하게 보낼 수 있다는 것이다. 그러니 금연과 금주는 물론 운동도 필수라는 얘기다.

생각해 보자. 나이가 든다는 것은 현업에서 물러나야 할 시간이 가까워진다는 것이다. 수입은 줄고, 건강은 더 악화하며 상황은 갈수록 최악으로 갈 수밖에 없다는 것이다. 결국 현실을 인정하고 준비하는 것이 최선이라는 얘기다.

은퇴 준비, 언제까지 미루겠는가?

 ## 인맥, 10%도 안 남는다

직장 생활을 하면서 명함을 주고받는다. 받은 명함 중 일부 불필요하다고 생각되는 것은 버리고, 나머지는 명함첩에 꽂아둔다. 그리고 스마트폰에 이름과 소속, 연락처와 이메일을 기록한다. 그게 모두 직간접적 영향을 주고받는, 1차로 선택된 인맥이 된다. 전화가 올 때 스마트폰 뜬 이름을 보고 "여보세요."가 아니라 "안녕하세요?"라고 한다면 1차 인맥으로 선택된 한층 깊은 인맥이다. 통화 초반, 반갑게 안부를 묻는 것은 친밀함의 표현으로, 지속해서 관계를 맺고 있고, 앞으로도 그런 관계를 원한다는 뜻이다. 이런 이들과 지속해서 친밀한 관계를 유지하고, 업무를 떠나 개인적인 관계로 발전하게 된다.

스마트폰의 연락처를 열어 보자. 몇 명의 이름이 있는가. 생각보다 많은 사람이 있을 것이다. 그런데 퇴직 후에는 그런 친밀한 관계, 지속적 업무 관계를 맺는 연락처는 급격하게 줄어들게 마련이다. 이제 더 이상 현업에 없으니, 관계는 실질적인 '단절'이다. 그렇게 계산하면 아마도 현재 연락처에서 10%도 안 남을 수 있다. 남는 것은 업무를 넘어 개인적으로 친분이 있는 사람 혹은 직장 생활을 하며 개인적으로 극히 일부, 친했던 사람일 것이다.

　퇴직 소식을 듣지 못한 사람에게 전화가 오면 난감함이 앞서게 마련이다. 퇴직 후 계획을 세우고 자의로 선택했다면 그렇지 않겠지만, 만일 그렇지 않다면 예전처럼 진심으로 반갑게 인사하기에는 조금 망설임이 앞선다. 간단히 인사를 나누고 퇴직 소식을 전하면 "그렇군요, 잘 지내십시오."라는 얘기가 통화 내용의 마지막일 것이다. 그리고 지극히 업무상의 관계였다면 그 사람에게 전화를 받는 일은 앞으로 없어질 것이다. 전화를 끊으며 느껴지는 상실감 역시 현실로 마주해야 한다.

　공허함을 느끼는 것은 왜일까? 대부분 사회적 관계가 단절된다는 현실에서 오는 불안함 때문일 것이다. 준비되지 않은 상태에서 끝을 맺어야 한다는 상황은 더욱 두렵고, 여생에 대한 막연함은 낭떠러지로 내몰리는 느낌마저 들게 한다.

　사회적 관계가 줄어든다는 것은 심리적으로 미치는 영향이 생각보다 매우 크다. 직장 생활은 관계 속에서 사는 것이었고, 관계를 통해 나의 지위와 존재감을 확인하는 것이었으며, 협업을 바탕으로 서로에 대한 어느 정도의 신뢰 관계를 유지하는 것이다. 퇴직 후에는 이 모든 게 거의 없어진다는 것을 의미한다. 본격적으로 홀로서기를 해야 한다는 것이다.

　은퇴 준비, 언제까지 미루겠는가?

디지털 시대,
설 자리는 더욱 좁아진다

　AI, 빅데이터, 가상현실, 증강현실, 융합현실, 사물인터넷(IoT), 핀테크, 양자컴퓨터, 블록체인, 클라우드 컴퓨팅, 스마트 모빌리티… 세상을 뜨겁게 달구는 단어들이다. 감정적으로 공통점이 있다. 반가움과 두려움이 공존한다는 것이다. 이런 신기술이 일상을 편안하게 만들어 줄 것이라는 기대에 반갑기도 하지만, 이내 두려움이 따른다. 낯선 신조어들이 등장할 때마다 쉽게 적응할 수 있을지에 대한 우려가 커지고, 자신의 상황에 접목하면 갈수록 일자리가 줄거나 없어질 것을 직감하기 때문이다.

　한 발짝 뒤에서 보면 이런 신기술은 4차 산업혁명의 일환이라고 해도 과언은 아닐 것이다. 잘 알다시피 제4차 산업 혁명은 세계경제포럼의 창시자인 클라우스 슈바프(Klaus Schwab)가 2015년에 〈포린 어페어(Foreign Affairs)〉에 글을 기고하며 주장한 개념이다. 2016년 1월 20일 스위스 다보스에서 열린 세계경제포럼에서도 슈바프가 키워드로 또 제시하여 그 개념이 퍼져나갔다. 물리적, 생물학적, 디지털적 세계를 빅데이터에 근거해서 통합시키고 경제 및 산업 등 모든 분야에 영향을 미치는 다양한 신기술로 설명될 수 있다. 쉽게 말해 머리를 쓰는 것은 컴퓨터가, 힘을 쓰는 것은 로봇이 한다는 것이다. 그러니 당해낼 재간이 있을까?

실제로 많은 이들이 직업에 커다란 지각 변동이 생길 것으로 예상하고 있다. 그렇다면 먼저 미래에 가장 인기 있는 직업은 무엇일까? 2019년 1월 미국의 재무관리 전문 미디어 그룹인 키플링어(Kiplinger.com)는 〈미국 내 미래 유망직업 조사 결과〉를 발표했는데, 사람들이 휴대전화를 매일 수시로 사용하면서 앱 개발자에 대한 수요가 증가하고 있다고 밝혔다. 당연히 더 많은 앱을 개발하기 위해서 더 많은 인력이 필요하다는 것이다.

키플링어에 따르면, 앱 개발자의 중위 소득은 10만 달러이고 이 분야는 향후 10년간 30% 성장할 것으로 예상했다. 다음 유망직업으로는 임상 간호사(Nurse practitioner)가 꼽혔다. 중위 소득은 10만 3천 달러이고 2027년까지 35% 성장할 것으로 예상했다. 의료 분야는 고령화로 급속히 부상하고 있으며 물리치료사(Physical therapists)를 비롯해 건강관리 서비스 수요가 계속 증가하고 있다. 특히 심장병 등 질환을 겪은 노인들은 독립적인 생활을 할 수 있도록 물리치료 또는 재활치료가 필요하다.

따라서 유망직업 상위 10위의 절반은 의사(physician), 보조 의사(physician assistant), 건강 서비스 관리자(health services manager), 물리치료사(physical therapist) 등 건강관리 분야에 해당한다. 미국 인구조사국에 따르면 2035년이 되면 65세 이상 노인의 수가 7천8백만 명에 달해 처음으로 노인 인구가 청소년 인구보다 많아질 것으로 예상된다.

이외 톱 10 직업은 재무관리사(financial manager), 시장조사 분석가(marketing research analyst), 컴퓨터 시스템 관리자(computer systems manager), 해킹 방지를 위한 정보 보안 전문가(information security analyst) 등이 있다.

반면에 사라지는 직업도 있다. 시계를 착용하는 인구가 감소하면서 시계 수리기사(watch repairer), 조립식 주택 건설업자(builder of prefab homes), 섬유기계 기사(textile machine operator) 등이 해당한다.

사라지는 직업의 공통점은 대부분 저숙련 직업이다. 다만 그 업무에 인간적 감성을 더 적용할 수 있거나 생산 과정에 새로운 기술을 응용할 수 있는 방법이 있다면 그 분야에서 계속 일할 기회를 찾을 수 있을 것으로 분석했다. 이외 사라지는 직업들로는 직물 수선기사(fabric mender), 신발 기계 기사(shoe machine operator), 영사 기사(movie projectionist) 등이 꼽혔다.

미국의 소리 방송(VOA)은 키플링어가 수집 가능한 데이터를 활용해 유망직업과 사라질 직업 목록을 만들었지만, 직업 시장은 빠르게 변화하고 새로운 산업에서 데이터는 제한적이라고 설명했다. 그리고 다음 세대에 가장 유망한 직업은 지금까지 생기지 않은 직업일 수 있다고 했다. 2019년 미국의 소리 방송에서 발표한 미래의 유망직업과 사라질 직업은 아래와 같다.

미래의 유망직업		미래에 사라질 직업	
1위	앱 개발자	1위	시계 수리사
2위	임상 간호사	2위	조립식 주택건설업자
3위	건강 서비스 관리사	3위	섬유기계 기사
4위	재무관리사	4위	직물 수선기사
5위	시장조사 분석가	5위	신발기계 기사
6위	컴퓨터 시스템 관리자	6위	영사 기사
7위	정보 보안 전문가	7위	사진 현상기사
8위	보조의사	8위	도배공
9위	의사	9위	벌목공
10위	물리치료사	10위	전화 교환수
11위	치과 위생사	11위	자동차 전기 기사
12위	관리자	12위	조립기술자
13위	경영 연구 분석사	13위	플로어 마감사
14위	간호사	14위	기계 기사
15위	언어 병리학자	15위	삼림 감시원
16위	초음파 검사기사	16위	꽃 디자이너
17위	물리치료보조사	17위	아나운서
18위	호흡요법사	18위	도박사
19위	서비스 영업 사원	19위	보조약사
20위	통계전문가	20위	시신 방부처리기사

미국의 소리 방송(VOA), 2019

그렇다면 우리나라 직업에는 어떤 영향이 있을까? 2024년 7월, 한요셉 한국개발연구원(KDI) 연구위원의 〈인공지능으로 인한 노동시장의 변화와 정책방향〉 연구보고서에 따르면, AI와 로봇을 활용한 기술은 지난해 기준으로 전체 일자리의 38.8%에서 70% 이상의 업무를 대체할 수 있는 것으로 분석했다. 국내 AI 전문가 인터뷰를 통해 AI가 시력, 청력, 말하기, 문제 해결, 정교한 동작 등 44개 업무를 수행할 수 있는 수준을 평가한 다음 직업별로 요구되는 능력에 적용한 결과다.

이 보고서는 2030년에는 AI를 활용한 업무 자동화 고위험군 일자리 비중이 지금보다 훨씬 더 높아질 것으로 예상했는데, 6년 뒤에는 AI가 70% 이상의 업무를 대체할 수 있는 일자리의 비율이 무려 98.9%에 이른다는 것이다. 또 현재 일자리의 89.8%는 업무의 90% 이상을 AI로 대체하는 게 가능할 것으로 분석했다. 한요셉 연구위원은 국내 취업자가 수행하고 있는 거의 모든 직무가 가까운 미래에 AI와 로봇으로 대체될 가능성이 높다고 했다.

실제로 2030년의 AI 기술 수준을 감안하면, 주방장 및 요리연구가, 패스트푸드 종업원, 냉난방 설비 조작원, 음료 조리사 등은 전체 직무(100%)의 자동화가 가능할 것으로 예상됐다. 반면, 의회의원·고위공무원 및 공공단체 임원(64%), 항공기 조종사(78%), 작가(80%) 등은 직무 자동화 비율이 비교적 낮게 예측됐다.

2024년 7월 15일에 진행된, KDI와 한국노동연구원이 〈인구구조 변화, 다가오는 AI 시대의 새로운 노동 패러다임 모색〉을 주제로 연 토론회에서도 국내 일자리 중 12%에 해당하는 약 341만 개는 AI 기술로 대체 가능성이 높다는 연구 결과가 제시됐다. 오삼일 한국은행 고용분석팀장이 AI 특허 정보를 활용해 직업별 AI 노출 지수를 산출한 결과다. 오 팀장은 AI는 비반복적, 인지적 업무를 대체하는 경향이 크며 고소득, 고학력 근로자가 AI에 더 많이 노출돼 있다고 했다. 이런 가운데 AI 기술 확산이 청년층과 여성 고용을 악화시킬 수 있다는 점도 문제로 지적된다. KDI가 기업의 AI 도입 결과를 분석한 결과 남녀 모두 청년층에서 고용 하락 효과가 크고 여성 청년층의 경우 임금도 감소할 것으로 추정했다.

　실제로 AI 기술을 도입했거나 앞으로 도입할 예정인 국내 기업의 경우 47.9%가 신규 채용 수요가 줄어들 것으로 전망했다. 한요셉 연구위원은 AI 기술은 숙련된 근로자보다는 경력이 비교적 많이 필요하지 않은 일자리를 대체하는 효과가 크다고 했다.

　한국고용정보원에서 발간한 〈2018 KNOW 연구보고서〉에 따르면 우리나라 산업현장에서 실제적으로 요구되는 핵심적 지식, 성격, 업무수행 능력, 가치관, 업무환경, 흥미 및 직업 전망, 자격·훈련 등을 조사하며 향후 10년 후 일자리 증가 직업과 감소 직업을 발표했다.

향후 10년 후 일자리 증가 직업(30개)

직업명	평균(5점 척도) '증가한다'	응답자 비율	응답자 수(명)
프로게이머	4.33	93.3%	30
수의사 보조원 (수간호사, 수의테크니션)	4.12	87.9%	33
인공지능전문가	4.10	86.7%	30
심리상담 전문가	4.10	83.9%	31
사회복지 관리자	4.06	87.1%	31
놀이치료사	4.00	93.3%	30
요양간호사 및 간병인	3.94	83.9%	31
전문 간호사	3.90	86.7%	30
웹방송전문가 (1인 미디어 콘텐츠 제작자)	3.90	83.3%	30
청능사	3.87	80.0%	30
작업치료사	3.83	83.3%	30
반려동물 미용사	3.83	80.0%	30
자연 및 문화 해설사	3.83	73.3%	30
복지시설 생활지도 보조원	3.83	73.3%	30
소방관리자	3.80	73.3%	30
로봇공학기술자	3.80	66.7%	30
3D 프린팅 모델러	3.80	73.3%	30
생활지도원	3.80	76.7%	30
정신과의사	3.80	80.0%	30
일반 간호사	3.78	68.8%	32
해양경찰관	3.77	60.0%	30
예술치료사	3.77	80.0%	30
가상(증강)현실 전문가	3.73	76.7%	30
변리사	3.73	70.0%	30
선박교통관제사	3.73	66.7%	30
스포츠 트레이너	3.70	70.0%	30
네일 아티스트(손톱 관리사)	3.70	70.0%	30
컴퓨터 강사	3.67	63.3%	30
응급 구조사	3.67	70.0%	30
위생사	3.67	73.3%	30

향후 10년 후 일자리 감소 직업(30개)

직업명	평균(5점 척도) '감소한다'	응답자 비율	응답자 수(명)
잡지기자	1.57	83.3%	30
어부 및 해녀	1.57	90.0%	30
한복 제조원	1.63	93.3%	30
통계·설문 조사원	1.67	80.0%	30
은행 사무원(출납창구 제외)	1.67	96.7%	30
주유원(주유판매원)	1.70	83.3%	30
출판물기획자	1.73	86.7%	30
광원채석원 및 석재절단원	1.77	80.0%	30
세탁원(다림질원)	1.80	86.7%	30
초등학교 교장 및 교감	1.81	90.3%	31
매장 정리원(매장 보조원)	1.81	80.6%	31
진로진학 상담교사	1.83	90.0%	30
구두 미화원	1.83	90.0%	30
악기제조수리 및 조율사	1.83	80.0%	30
조선공학기술자	1.87	90.0%	30
대학 교수	1.87	83.3%	30
보육 교사 및 보육사	1.87	86.7%	30
계기 검침원 및 가스 점검원	1.87	86.7%	30
철근공	1.87	86.7%	30
사무용전자기기 설치수리원(컴퓨터 제외)	1.87	90.0%	30
초등학교 교사	1.90	93.3%	30
학습지교육교구 방문 강사	1.90	90.0%	30
건설 및 광업단순종사원	1.90	80.0%	30
곡식작물 재배원	1.90	83.3%	30
유치원 교사	1.93	83.3%	30
혼례 종사원	1.93	96.7%	30
자동차 조립원	1.93	86.7%	30
선박 조립원	1.93	96.7%	30
간판 제작 설치원	1.93	80.0%	30
신문기자	1.93	86.7%	30

미래를 예측하는 것이니 정확할 수는 없고, 또 조사기관이나 국가마다 발표 자료는 다를 것이다. 하지만 그 흐름은 알 수 있다. 개인적으로 놀라운 것은 '향후 10년 후 일자리 감소 직업'의 1위가 첫 직업이었던 잡지기라는 것이다. 안타깝지만 현실이다. 내가 잡지사에 근무할 때만 해도 잡지는 호황기였다. 언론사로서 매체가 갖는 영향력도 방송과 신문 정도와 비교해 크게 밀리지 않았었다. 특히 소비성향이 강한 VIP를 타깃으로 제작되는 잡지는 영향력이 상당히 컸다.

인터넷 포털사의 춘추전국시대에는 포털사가 잡지기자를 영입하는 데 한참 열을 올렸고, 대기업도 마찬가지였다. 온라인 콘텐츠가 많지 않았던 초창기라 콘텐츠를 기획하고 제작할 인력이 필요했는데, 잡지가 가장 트렌디한 분야 중 하나였기 때문이었다. 게다가 한 분야에서 오래 근무한 기자는 유관 분야에 대한 다양한 정보와 인적 네트워크까지 갖췄으니 당연한 현상이었다.

잡지사에 지원하는 이들도 상당히 많았다. 당시만 하더라도 내가 근무했던 잡지사는 매체별로 기자의 수가 열 명이 넘었다. 그런데 지금은 세 명 정도라고 한다. 지원자도 찾기 힘들고, 기획력 좋고, 글 잘 쓰는 기자 찾기는 더더욱 힘들어졌다고 한다. 디자이너도 마찬가지다. 잡지의 인기가 시들해지다 보니 편집 디자이너 풀도 좁아지고, 직업으로 편집 디자이너를 꿈꾸는 이들도 너무나 줄어들었다.

　세상은 급변한다. 이 속도는 시간이 지나며 더 빨라질 것이다. 세상은 너무나 빠르게 커져만 가고, 반면 자신은 작아만 지는 기분이 들 수밖에 없다. 과연 그런 세상을 따라잡을 수 있을까? 아니 뒤처지지 않을 수 있을까? 이런 우려와 걱정이 당연해지는 게 현실이다. 그 감정에 한 번 휘둘리면 자신감은 쪼그라들고, 열등감과 자괴감만 커져간다.

　그런데 생각해 보자. 상황은 그렇게 나쁘지만은 않다. 주위를 둘러보자. 이런 상황에 대한 걱정은 거의 모든 동년배도 겪고 있다. 같이 낙담할 필요가 있을까? 먼저 준비하면 출발선이 그들보다 앞서는 것이다. 현실을 인정하고 적극적으로 대응한다면 두려워하며 움츠러든 이들에 비해 자신이 원하는 삶을 살 확률은 더 높아지는 것이다. 그러니 뒤집어 생각하면 이만한 기회가 없다.

은퇴 준비, 언제까지 미루겠는가?

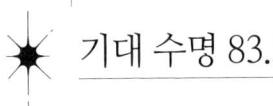
기대 수명 83.5세, 평균 퇴직 연령 49.4세

몇 살까지 직장에서 근무할 수 있을까? 대한민국에서 법적으로 정해진 정년 연령은 만 60세다. 이는 '고용상 연령차별금지 및 고령자고용촉진에 관한 법률' 제19조에 따라 모든 사업장에서 적용되는 기준이다.

대부분의 공무원은 만 60세가 정년이다. 다만, 교원은 62세, 판사는 65세, 검사는 63세 등으로 직종에 따라 정년이 다를 수 있다. 민간 기업의 경우에는 어떨까? 정년을 채운다는 게 현실적으로 거의 불가능하다는 것을 우리는 잘 알고 있다.

통계청이 발표한 〈2024년 5월 경제활동인구조사 고령층 부가조사〉 결과에 따르면, 우리나라의 은퇴 연령층은 더 이상 노동 시장의 '뒷전'이 아닌 주요 참여자로 부상하고 있다. 60세 이상 취업자 수가 700만 명을 돌파하는 등 일하는 고령층은 급증하고 있다. 하지만 안타깝게도 그 이면에는 불안정한 일자리와 재취업의 어려움이라는 그림자가 짙게 깔려있다.

통계에 따르면 55~64세 인구가 생애 가장 오래 근무한 '주된 일자리'를 그만두는 평균 연령은 49.4세에 불과했다. 정년(60세) 이전에 이미 주된 경력에서 밀려나는 것이다. 이들이 주된 일자리를 떠나는 가장 큰 이유는 '사업부진, 조업중단, 휴·폐업'(29.1%)이었으며, '건강이 좋지 않아서'(19.1%), '가족을 돌보기 위해'(15.8%)가 그 뒤를 이었다. 이는 상당수의 고령층이 비자발적인 이유로 주된 직장에서 퇴직한 후, 새로운 일자리를 찾아야 하는 상황에 놓인다는 것을 의미한다.

은퇴 후에도 고령층이 다시 구직에 나서는 가장 큰 이유는 '생계'였다. 55~79세 고령층 중 장래에 일하기를 원하는 비율은 69.4%에 달했으며, 이들이 일을 하려는 주된 이유는 '생활비에 보탬'(55.0%)이 압도적으로 높았다. '일하는 즐거움'(35.8%)이라는 응답도 있었지만, 대다수는 노후 소득 부족 문제를 해결하기 위해 노동 시장의 문을 두드리고 있는 것으로 나타났다. 이들은 평균 73.3세까지 일하기를 희망하고 있어, 기대 수명 연장과 함께 근로 희망 연령 또한 높아지는 추세를 보였다.

지난 1년간 구직 경험이 있는 고령층(55~79세)은 20.7%로 나타났다. 이들의 주된 구직 경로는 '고용노동부 및 기타 공공 취업알선기관'(36.5%)과 '친구, 친지 소개 및 부탁'(31.0%)이 대부분을 차지했다. 이는 공식적인 채용 시장보다는 비공식적 경로에 대한 의

존도가 높다는 것을 보여주며, 양질의 일자리 정보를 얻는 데 한계가 있을 수 있음을 시사한다.

최근 60세 이상의 취업자가 크게 늘면서 전체 고용률을 견인하는 긍정적인 측면도 있지만, 그 내용을 자세히 들여다보면 과제도 적지 않다. 고령층의 각 사람의 능력과 경력과는 무관하게 비정규직이나 단순 노무직에 편중되는 경향이 있으며, 이는 소득 불안정과 고용의 질 저하 문제로 이어질 수 있다.

결론적으로, 은퇴 후 실직자 통계는 우리 사회가 마주한 고령화 시대의 단면을 명확히 보여준다. 우리나라는 2024년 12월 23일에 초고령화사회에 진입했다. 초고령 사회는 65세 이상 인구 비율이 20% 이상인 사회로, 행정안전부 발표에 따르면, 2024년 12월 23일 기준 대한민국의 주민등록 인구 중 65세 이상 인구는 1,024만 4,550명으로, 전체 인구의 20%를 넘어섰다. 2017년 8월에 고령사회로 진입한 지 불과 7년 4개월 만에 초고령사회에 진입한 것으로, 전 세계적으로 유례없이 빠른 속도다. 길어진 노후를 위해 노동 시장에 남아있기를 희망하는 고령층은 계속해서 증가할 것으로 예상되는 만큼, 이들의 경력과 능력을 활용할 수 있는 양질의 일자리를 확충하고, 맞춤형 재취업 지원 시스템을 강화하는 등 사회 전반의 노력이 시급하다.

2022년 3월 8일 자 〈동아일보〉에 따르면, 국내 50~60대의 평균 퇴직 연령이 50세에도 미치지 못하는 반면 노동시장에서 실제로 퇴장하는 '실질 은퇴 나이'는 72세까지 늦춰진 것으로 분석됐다. 임금근로자들이 비자발적으로 조기 퇴직한 뒤 노후 소득을 충당하기 위해 70세가 넘어서까지 경제 활동을 이어가는 것으로 풀이된다.

조금 더 자세히 보자. 미래에셋투자와 연금센터가 통계청 경제활동인구조사 자료를 분석한 결과, 2021년 기준 55~64세가 '주된 일자리'에서 퇴직한 나이는 평균 49.3세로 집계됐다. 법정 정년인 60세에 크게 못 미치는 수준이다. 이들의 평균 근속 기간은 12.8년이었다. 퇴직 사유로는 비자발적 조기퇴직이 41.3%로 가장 많았고, 정년퇴직 비중은 9.6%에 그쳤다.

반면 50, 60대가 실질적으로 경제 활동을 끝내는 시기는 점점 늦어지고 있다. 소비 지출액이 근로 소득을 넘어서는 '소득 적자 전환' 연령은 2010년 56세에서 2019년 60세로 높아졌다. 또 완전히 경제 활동을 하지 않게 되는 실질 은퇴 연령은 평균 72.3세로 국민연금 수령 연령보다 10년 이상 늦었다.

정리하면 평균적으로 50세 전에 퇴직하고, 약 30년 동안 수입이 급속도로 줄어드는 현실에 대한 준비가 반드시 필요하다는 것이다.

은퇴 준비, 언제까지 미루겠는가?

# 2인 기준 은퇴 후 최소 생활비 월 240만 원

우리나라는 2024년부터 단일 세대 중 규모가 가장 큰 2차 베이비붐 세대(1964~1974년생)가 법정 은퇴 연령(60세)에 진입했다. 954만 명에 달하는 이들이 전체 인구에서 차지하는 비중만 무려 18.6%에 달한다. 2차 베이비붐 세대는 705만 명인 1차 베이비붐 세대(1955~1963년생)와는 또 달라 '뉴실버세대'라고도 불린다. 이들은 '마처세대(부모를 부양하는 마지막 세대이자 자녀에게 부양받지 못하는 처음 세대)'라고도 불린다. 부모를 부양하고, 자녀를 키우는 게 당연했던 사고의 마침표를 찍는 것이다. 물론 이 세대 중에서 자녀가 자신의 노후를 부양할 것이라고 기대하는 사람은 거의 없을 것이다.

1차 베이비붐 세대와 다른 2차 베이비붐 세대의 특징 중 하나는 이전 세대에 비해 실물자산이 증가했다는 것이다. 물론 기대수명 역시 이전보다 더 높아질 것으로 예상된다. 하지만 역시 2차 베이비붐 세대의 다수가 이전 세대처럼 노후 재테크 준비에 어려움을 겪고 있다. 그러니 여전히 국민연금이나 가족에게 생활비를 의존하는 경우가 많을 수밖에 없다.

그렇다면 현실적으로 얼마의 생활비가 필요할까? 2024년 통계청 자료에 따르면 2인의 월 최소 생활비는 240만 원이고, 조금 여유 있는 월 적정 생활비는 336만 원이다. 5년 전에 비해 각각 41만 원, 45만 원 정도 증가했다. 다시 말해 은퇴 이후 노후 부부들이 감당해야 하는 생활비 부담이 매년 커지고 있다는 얘기다.

앞에서 얘기했듯, 우리나라는 만 65세 이상 비율이 전체 인구의 20%를 넘는 초고령사회에 진입했다. 더불어 노인 빈곤율도 함께 상승했다. 국가통계연구원이 발표한 〈한국의 SDG 이행보고서 2025〉에 따르면 2023년 기준 연령별 처분가능소득 대비 상대적 빈곤율은 66세 이상이 39.8%로 전체 인구의 3배 가까운 수준인데, 이는 OECD 국가 중 가장 높은 수준이다. 상대적 빈곤율은 전체 인구 중 소득수준의 균등화 처분가능소득의 중위 소득 50% 이하인 인구가 차지하는 비율이다. 아동과 근로 연령대의 빈곤율은 2021년 이후 감소세를 보이지만 66세 이상은 오히려 증가하고 있다.

2025년 4월 23일 발간된 한국개발연구원(KDI)에서 발표한 〈인구 요인이 소비성향에 미치는 영향과 시사점〉 보고서를 보면 고령화와 기대수명 증가가 한국인의 소비성향을 낮추는 주요 원인이라고 한다. 은퇴 후에도 오래 살게 되면서 50~60대를 중심으로 저축은 늘리고 지갑은 닫는 흐름이 이어진다는 것이다.

보고서에 따르면 2004년부터 2024년까지 한국의 민간 소비 증가율은 20년간 연평균 3.0%에 그쳤다. 같은 기간 연평균 국내총생산(GDP) 성장률(4.1%)을 꾸준히 밑돌았다. GDP에서 민간 소비가 차지하는 비중도 2004년 52.1%에서 2024년 48.5%로 3.6% 포인트 줄었다. 가계의 처분가능소득 대비 소비지출 비율도 같은 기간 76.3%에서 68.2%로 8.1% 포인트 하락했다.

KDI는 소비성향이 둔화하는 요인으로 기대수명 증가를 꼽았다. 한국인 기대수명은 2004년 77.8세에서 지난해 83.5세로 20년간 5.7세 늘었다. KDI는 지난 20년간 소비성향 하락(-3.6% 포인트)의 86.1%인 -3.1% 포인트가 기대수명 증가에 따른 것으로 추산했다. 기대수명이 1년 증가할 때마다 소비성향이 평균 0.48% 포인트씩 하락했다고 봤다.

소비성향 감소는 특히 50대(-1.9% 포인트)와 60대(-2.0% 포인트)에서 두드러졌다. 퇴직 후에도 살날이 많았기 때문에 이런 상황에서는 돈을 벌면서도 저축을 많이 할 수밖에 없어 소비성향 하락으로 이어지는 것이다.

KDI는 GDP 대비 민간 소비 비율이 2034년 46.3%로 바닥을 찍을 것으로 예상했다. 이후에는 소비 증가율이 경제 성장률을 웃돌 것으로 예상했지만, 이는 소비 증가보다 성장률 하향세가 더 가

파르기 때문이라고 진단했다.

그렇다면 은퇴 가구 중 노후 준비가 잘되어 있지 않지 않은 경우는 얼마나 될까? 무려 절반 이상인 53%다. 은퇴 가구는 노령연금 같은 공적수혜금이 32%, 국민연금 같은 공적연금이 30%이며, 생활비를 여전히 가족 수입이나 용돈에 의존하는 비율이 무려 24%나 된다. 연금을 미리 준비했다면 부담은 조금 줄어들지만 그렇지 않다면 고스란히 가족 수입이나 용돈에 의존해야 하는 게 현실이라는 얘기다.

누구나 돈 걱정 없는 삶을 꿈꾼다. 그래서 많은 이들은 건물주가 꿈이라고 한다. 그런데 현실은 그렇지 않다. 잔고가 줄어들수록 불안함은 커진다.

은퇴 준비, 언제까지 미루겠는가?

 퇴직 3년 후 당신의 모습은?

    강의 때 반드시 하는 네 가지 질문이 있다. 첫째는 "현 직장에서 얼마나 더 일할 수 있을까요?"이다. 긍정적인 답을 할 수 있다면 다행이지만, 실제로 만난 이들 중 자신 있게 긴 시간을 얘기하는 사람은 손가락으로 꼽을 정도였다. '얼마 남지 않은 것 같다.'고 한 이들의 이유는 대부분 동일했다. 세상은 너무 빨리 변하고 있는데 그 변화를 감당하고 대응할 능력이 갈수록 떨어진다는 것이다. 또한 자신이 평생 일했던 분야도 AI 시대에는 사양 직종이 되기 때문에 근속 기간도 길지 않을 것 같다고 한다. 그뿐인가, 다양한 스펙과 능력을 갖춘 젊은 세대들이 치고 올라오는 상황에서 자신의 입지는 좁아질 수밖에 없다는 것이다. 아마도 많은 이들이 공감할 것이다.

    두 번째 질문은 "그렇다면 은퇴 준비를 하고 있나요?"다. 안타깝게도 '그렇지 않다.'라는 이들이 대다수다. 예상 근속 기간과 관련된 앞 질문에서 은퇴 준비의 필요성을 인지는 하고 있지만 정작 자신의 상황에는 대입하지 못하고 있다. 이유를 들어보면 대부분의 답은 말 끝을 흐린다. "알긴 아는데…", "하긴 해야 하는데…". 은퇴가 아직까지 먼 이야기라고 생각해서일까? 이유 중 하나가 '현업이 너무 바빠서'라고 한다. 진짜 그럴까? 아니다. 솔직히 두려움이라는 감정에 눌려 행동으로 못 옮기는 것이다. 더 깊게 들어가면, 회피하고 싶은 마음이 커 실행으로 옮기지 못하고 계속 두려움 속에 시간을 허비하고 있는 게 현실이다.

세 번째 질문은 "퇴직 3년 후 당신은 어떤 삶을 살고 있을까요?"이다. 이 질문에서는 표정이 굳어지고 말이 없어진다. 은퇴 이후의 삶을 준비하지 않고 은퇴한 주변인의 삶을 봐왔기 때문에 더 그럴 수 있다. 이 질문은 훨씬 실질적이기 때문에 많은 생각을 현실로 마주하게 된다. 앞서 퇴사 통보를 받은 친구의 이야기처럼 가족에게 어떻게 얘기해야 할지부터 친척, 친구, 소속 모임까지 다양한 사람들과의 관계를 떠올리면 입이 다물어진다. 재정적 여력이 없어 당장 생활비, 자녀 교육비 등을 걱정해야 하는 상황이라면 더없이 암담해진다.

직장 생활을 하며 수없이 많은 성공 경험을 쌓아왔음에도 불구하고 유독 은퇴 준비는 머뭇거리는 것일까? 현실이 두렵더라도 그런 모습의 자신을 외면하면 안 된다. 당당히 마주해야 한다. 두려워하는 모습을 자신이라고 인정하는 것이 꿈꾸는 삶을 살 수 있는 출발점이기 때문이다.

마지막 질문은 "해야 한다고 생각만 하고 실행하지 않는 당신은 어떤 사람인가요?"이다. 당신은 어떤 답을 하겠는가?

앞의 네 가지 질문으로 아래의 표를 작성해 보자. 다른 사람에게 보여줄 것이 아니니 정말 솔직하게 작성해 보자. 현재의 상태를 인식하고 인정하는 게 중요하다.

은퇴 후 모습 상상

현 직장의 예상 근속 기간은? 　　　　　　　　　　　　　　　　년

현재의 하고 있는 은퇴 준비는?
-
-
-
-
-

퇴직 3년 후 자신의 모습은?
- 가정(가족) 생활 측면
- 사회적 관계 측면
- 경제적 측면

은퇴 준비를 생각만 하고 실행하지 않는 나는 어떤 사람인가?

정리하면 이렇다. 2~4년 동안 대학에서 공부하며 취업을 준비해 20~30년 직장 생활을 할 수 있었다. 그런데 은퇴 준비를 하지 않는다는 것은, 50세 이전에 퇴직해 100세 시대의 나머지 반을 준비 없이 맞이한다는 것이다.

은퇴를 준비하지 않은 이에게 나이의 숫자는 미래에 대한 두려움의 크기와 비례한다. 그럼에도 아직도 많은 이들이 은퇴 후의 삶을 위한 준비는 미루고 있다. 준비 없이 갑작스럽게 퇴사를 마주하고 나면 벼랑 끝에 서는 것이다. 준비 없이 퇴직을 맞다 보니 자연스럽게 무엇을 하면 돈 번다더라는 '카더라 통신'에 귀가 솔깃해지고, 경험도 없는 주식, 부동산에 '영끌'을 하다 안타까운 현실을 맞는 이들이 너무나 많다. 그게 자신의 현실이 되지 않기 위해서는 준비해야 한다. 한번밖에 없는 인생, 그렇게 사는 것은 너무 안타깝지 않은가?

은퇴 준비, 언제까지 미루겠는가?

 ## 일을 한다는 것, 두 가지 의미

　일을 한다는 건 크게 두 가지 의미가 있다. 첫째는 돈을 번다는 것이다. 두 번째는 존재감이다. 직장 생활을 하며 늘 입에 불평불만을 달고 살아도, 서랍 속에 사직서를 넣고 살아도 사직서를 호기롭게 내던지지 못하는 큰 이유는 돈 때문이었다. 지갑과 통장에 돈이 있어야 가족 여행도 가고 취미 생활도 할 수 있다. 그것은 곧 자신이 건재하다는 것을 증명하는 존재감이기도 하다.

　이렇게 일을 하다 보면 존재감이 생긴다. 돈을 벌어 부모님과 가족의 생활비로, 자녀의 교육비로 쓸 수 있었고, 모처럼 가족과 쇼핑을 가거나 여행을 가면 사고 싶은 것, 먹고 싶은 것 고르라고 자신 있게 말할 수 있다. 은퇴 후에도 일을 한다면 무너졌던 존재감은 다시 날개를 달게 되고, 삶의 주인공으로 우뚝 설 수 있는 자존감도 높아져 표정도, 말도, 자세도 달라진다. 주변 사람, 특히 동년배에겐 부러움도 받게 된다.

　퇴사 이후 코칭을 배웠다. 많은 성찰이 있었다. 답을 주는 컨설팅, 카운슬링 등과는 달리 코칭은 고객에게 개입하지 않는다. 경청, 질문, 피드백 등 핵심 스킬을 활용해 문제의 핵심과 의미를 깨닫게 하고 스스로 목표를 세우게 하고 그 목표를 이룰 수 있는 실행 계획도 스스로 세우게 한다. 답을 주는 컨설턴트와 카운슬러가 떠나면 효과가 급감하는 반면, 코칭은 자신이 모든 것을 했기 때문에 코치가 떠나도 효과는 유지된다. 이런 이유로 대기업을 비롯해 많은 기업이 코칭을 적극적으로 도입하고 있다.

　기업의 대표, 임원, 직책자를 비롯해 많은 이들을 대상으로 일대일 코칭도 하고, 또 대기업부터 공공기관, 스타트업 등의 임직원을 대상으로 강의도 한다. 콘텐츠를 만들었던 경험을 살려 코칭 외의 콘텐츠 강의와 책 쓰기 강의도 한다. 이렇게 일하며 돈도 벌고 존재감도 느낀다.

　나는, 코칭은 은퇴 후의 삶을 위한 든든한 보험 중 하나라고 자신 있게 말한다. 코칭 자격증을 취득하기 위해서는 필수 교육 20시간을 이수해야 한다. 내가 직접 이 교육을 진행하고 있고, 또 많은 유자격 코치도 배출했다. 교육 이수 후, 한결같이 왜 은퇴 후를 위한 든든한 보험인지 알겠다고 한다.

　수강생 중에는 은퇴를 앞두거나 막 은퇴한 분들도 많은데, 대부분 차별적 강점을 가지고 전문 코치로 출발할 수 있다. 한 분야에서 오래 근무했다면 그 시간은 그 분의 전문성을 의미한다. 창업 비용은 교육비가 전부이고, 코칭 시장은 계속 넓어지고 있으니 전문성을 가져 차별적 강점을 보유하게 되는 것이다. 게다가 전문성이 있으면 그 분야로 진출하는 데에도 장점을 가질 수 있다.

    코칭은 일종의 스킬이라고 수 있다. 은퇴 예정자를 위한 은퇴 준비 코칭, 학생과 취준생 그리고 사회 초년병을 위한 진로 코칭, 현업에서 했던 전문성을 살린 비즈니스 코칭, 일상에서의 어려움을 스스로 해결할 수 있도록 돕는 라이프 코칭, 진로를 위한 진로 코칭 등 자신이 원하는 분야를 택해 특화할 수 있다.

    한편, 돈과 존재감을 표현하는 신분증은 명함이었다. 회사를 나오는 순간 번쩍번쩍 빛나던 명함은 생명을 잃고 종이로 전락한다. 명함에 인쇄된 회사와 부서, 직분과 이름은 어제까지는 나였지만, 회사를 나오는 순간 내가 아닌 것이다. 직장을 통해 받았던 돈과 존재감도 신기루처럼 사라진다.

    은퇴는 생각보다 빨리 찾아온다. 은퇴 후에는 미뤘던 취미 생활도 하고, 일하느라 시간을 함께 보내지 못했던 가족과 친구들 그리고 새로운 지인들과 멋진 삶을 살고 싶은 마음은 누구나 있다. 준비해야 그 꿈이 현실이 된다.

은퇴 준비, 언제까지 미루겠는가?

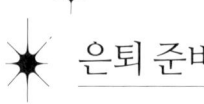
은퇴 준비,
지금이 최고의 적기다

　상황은 심플하다. 나이가 들면 결국 은퇴를 할 수밖에 없다. 넉넉한 노후 자금이 있다면 덜하겠지만 고정 수입은 줄어든다. 반면 지출은 줄이더라도 한계가 있다. 줄어든 통장의 잔고는 더 줄어들 것이 예상되기 때문에 더욱 불안해진다.

　사회적 관계도 좁아진다. 자신을 찾던 전화도 시간이 지날수록 확연히 줄어든다. 건강도 마찬가지다. 평소 건강관리를 잘했다면 그나마 다행이지만 나이가 들면 건강도 점점 나빠진다. 이따금 불평하며 다녔던 예전 직장 생활에 대한 그리움이 떠오르기도 한다. 사람들을 만나면 "내가 직장 생활할 때!"를 시작으로 과거의 얘기만 한다. 그렇게 자랑스럽게 힘주어 자랑하면서도 마음 한쪽에서는 처량해짐을 느끼는 것은 왜일까? 현실은 그렇지 않다는 것이다.

　그런데 정말 암담하기만 할까? 고연령자가 많아지며 정부 차원의 시스템과 지원도 따르고 있고, 고령자에 대한 인식도 개선하려는 노력이 많아지고 있다. 스탠퍼드 대학의 장수 센터(Stanford

Center on Longevity)의 2022년 연구에 따르면 '노년층의 감성 지능과 지혜가 젊은 세대의 열정, 신속함과 결합하면 가족과 지역사회, 직장에서 과거 존재하지 않았던 새로운 가능성이 창출될 수 있다'고 한다. 인생을 오래 산 사람들만의 특성이다. 고령자의 특성 그 자체가 지역사회에 이롭게 작용할 수 있다고 강조하는 분위기가 넓어지고 있다. 고령자 고용 정책 수립 과정에 젊은 세대가 참여하는 등 세대 간 대화 활성화 방안의 필요도 강조되고 있다. 기대수명이 늘어나며 고령자를 보는 시선이 달라진 것이다. 퇴물이 아닌 시너지의 대상으로 보는 것이다.

고령자 채용 정책을 표현할 수 있는 새로운 언어가 필요하다는 의견도 있다. 영국 워릭대학교의 필립 테일러 교수는 인적 관리 원칙에 '공동선(common good)'을 적극 반영해 고령자 고용을 재해석해야 한다고 강조한다. 그는 "고령자가 (젊은 층에 비해) 더 믿음직스러우니 고용해야 한다는 등 고령층과 젊은 층에 대한 각각의 편견이 서로 부딪히면 문제가 된다."며 "젊은 층과 고령층 간 (고용 정책 관련) 토론할 때 공동선이라는 개념을 고려한 (새로운) 프레임이 필요하다."고 한다.

한국보다 먼저 초고령사회가 된 일본에는 계속고용 사례가 있다. 대표적인 것이 '계속고용제도'다. 정년을 채운 뒤에도 계속 일할 수 있도록 하는 것으로, 퇴직 후 재고용, 법적 정년 연장, 정년

폐지 등이 이에 해당한다. 즉, 60세 정년 제도를 둔 기업이 정년을 연장 또는 폐지하거나 정년을 맞은 근로자를 재고용 등의 방식으로 계속 고용하는 것이다. 법적 정년은 60세로 규정돼 있는데, 이는 2013년 5월 22일 '정년 60세 연장법' 개정에 따른 것이다. 이는 2016년 1월 1일부터 공기업·공공기관·지방공기업·상시근로자 300인 이상 사업장에 적용된 데 이어, 2017년 1월 1일부터는 국가 및 지방자치단체와 상시근로자 300인 미만 사업장에도 적용되기 시작했다.

정부는 고령자와 장년 미취업자의 고용 촉진 및 안정을 도모하기 위해 '정년고용안정지원금' 제도를 시행하고 있다. 이는 '고령자 계속고용장려금'과 60세 이상 고령자고용지원금으로 운영되고 있다. '고령자 계속고용장려금'은 정년이 된 사람을 퇴직시키지 않거나 정년퇴직을 한 사람을 일정한 기간에 재고용하는 사업주에게 정부가 지원하는 장려금이다. '고령자 계속고용장려금'의 경우 1년 이상 정년제도를 운영하는 중소·중견기업 중 현행 정년을 연장하거나 현행 정년을 폐지하거나 또는 현행 정년을 유지하되 정년에 도달한 자를 재고용하는 등의 계속고용제도를 도입한 기업을 대상으로 한다. 그리고 60세 이상 고령자고용지원금은 고령자를 일정 수준 이상 고용하는 사업주에게 지원금을 지급함으로써 고령자의 고용 촉진 및 안정을 도모하기 위해 시행되고 있다. 이런 정책도 은퇴 후에 활동하려는 의지가 있어야 내 것이 된다.

　일본 고용노동정책기구의 오학수 박사는 "일본 기업의 99.9%가 현재 법에 맞춰 고령자 고용 확보 조치를 실시하고 있다."며 "정년을 마친 근로자들에 대한 기업의 계속고용도 점차 뿌리내리고 있다."며 "전체 기업의 29.7%가 70세까지 고용 취업 확보 조치를 취하고 있고, 중소기업일수록 높게 나타난다."고 했다. 한국에도 60세 이상 근로자를 위한 고령자 고용지원금 제도가 있다.

　이런 흐름은 정년 퇴직자에 대한, 고연령층에 대한 인식이 바뀌고 있다는 것으로 볼 수 있다. 현업에서 배제시키는 것이 아닌 협업의 대상으로 인식이 바뀐다는 것은, 그만큼 능력이 있고, 계속 함께해야 한다고 생각한다는 것이다. 그런데 안타깝게도 많은 은퇴자들은 스스로 자신의 한계를 긋고, 그 안에 가두는 경우가 많다.

　생각을 정리하고 인정하는 게 중요하다. 자신을 파고 들어가 보자. 은퇴하면 가장 먼저 떠오르는 '감정'은 무엇인가? 강의 때 만난 수강생들이 말한 단어는 '불안' '걱정' '초조' 등이 압도적으로 많았다. 신체로 느껴지는 현상을 표현하라고 하면 혈압이 오르며 두통이 생기고, 얼굴이 벌겋게 상기되고, 입안이 마르고, 손발이 뜨거워진다고 한다.

　그렇다면 '이유'는 무엇일까? 이유는 감정을 만든다. 가장 살갑게 느끼는 이유는 '더 이상 돈을 벌 수 없어서'였다. 통장의 잔고가 줄어드는 반면, 잔고를 높일 대안이 없기 때문이다. 각종 연금 등으로 완충제를 만들었다면 그나마 다행이다. 하지만 목돈 지출이 예상된다면 그 역시 믿을 수 있는 건 가진 집뿐이다. 그런데 집 역시 자가가 아니라면 상황은 더욱 안 좋다. 재무적 이유 외에도 이유는 다양했다. 어떤 이들은 관계의 단절을 이유로 얘기했고, 어떤 이들은 자존심을 이유로 말했다.

교육에서 만난 한 분은 감정을 심장 박동수가 빨라지는 두근거림이라고 했다. 이유를 물으니 오랜 기간 안정된 공직 생활을 하다 은퇴했는데 이제는 든든한 테두리를 벗어나 새로운 일을 해 볼 수 있는, 모험적이고 도전적인 삶에 대한 기대 때문이라고 했다. 그는 은퇴 후의 계획을 일찌감치 세우고, 준비하고 있었기 때문이다.

이런 흐름은 정년 퇴직자에 대한, 고연령층에 대한 인식이 바뀌고 있다는 것으로 볼 수 있다. 현업에서 배제시키는 것이 아닌 협업의 대상으로 인식이 바뀐다는 것은, 그만큼 능력이 있고, 계속 함께해야 한다고 생각한다는 것이다. 그런데 안타깝게도 많은 은퇴자들은 스스로 자신의 한계를 긋고, 그 안에 가두는 경우가 많다.

그렇다면 '원인'은 무엇일까? 원인은 이유를 만든 근간이다. 불안한 재무적 이유를 말하신 분들은 사는 게 빠듯해 저축은 꿈도 못 꾸었다 등등 다양한 원인을 이야기한다. 그런 분들에게 이런 질문을 드린다. "정말 월 몇만 원도 저축하기 힘들 정도였나요?" "평소 씀씀이를 줄일 방법이 정말 없었나요?" "평소 재무 계획을 꼼꼼히 세우고 실행하셨나요?" 결국 재무 계획을 수립하지 않아 수입과 지출 관리를 제대로 하지 못한 것이 원인이었다.

관계의 단절을 이유로 말씀하신 분의 원인은 누군가에게 의지하려는 마음이 강하고 자존감이 낮은 게 원인이었다. 자존심을 이유로 말씀하신 분의 원인은 열등감에서 비롯된 우월감의 소멸이 원인이었다. 두근거림으로 감정을 표현하신 분의 이유는 새로운 일을 해 볼 수 있는 기대 때문이었고, 원인은 배우자와 함께 꿈꾸는 삶을 만들 수 있는 준비가 어느 정도 되었기 때문이었다.

은퇴라는 현실을 마주하고 간단히 정리해 보자. 은퇴라는 것을 생각하면 떠오르는 감정 단어는 무엇인가? 부정적인 것뿐만 아니라 긍정적인 것도 모두 해당된다. 그럼 이유는 무엇인가? 그리고 원인은 무엇인가? 작성하다 보면 지금까지 살아온 삶의 패턴을 만나게 된다. 마음이 편치 않더라도 현실을 정면으로 마주하고 인정하는 게 중요하다. 그래야 은퇴 후의 삶을 제대로 계획할 수 있다.

정면으로 마주하는 은퇴		
감정	이유	원인

입대 전 군 복무가 두렵고 걱정되었던 것은 경험하지 않았기 때문이다. 첫 출산이 두렵고 걱정되었던 것은 출산과 육아를 경험하지 않았기 때문이다. 다시 입대한다면, 또 출산한다면 처음만큼 두렵지 않게 마련이다.

엄격히 얘기하면, 경험했기 때문에 두렵지 않은 것이 아니다. 군 복무와 출산이라는 경험을 통해 가치를 알게 되었고, 자신을 보게 되었으며, 그 상황에 대처할 수 있는 자신에 대한 믿음이 생겼기 때문이다. 어떤 상황에서도 잘할 수 있을 것이라는 자신에 대한 믿음이 커졌기 때문이다.

마찬가지다. 은퇴가 두려운 것은 경험하지 않았기 때문이다. 두려움이라는 감정에 휘둘려 걱정과 불안이 엄습하고, 결국은 한발 떼는 것조차 힘든 것이다. 감정을 거둬내면 비로소 자신과 만날 수 있다. 지금까지 많은 성공 사례를 만들었던, 숱한 역경을 뚫고 멋진 깃발을 꽂았던 자신을 만날 수 있다.

두려움과 막막한 감정에 휘둘려 한 발도 제대로 내딛지 못하면 정체하고 퇴보하게 된다. 그런 감정에 휩싸인 자신을 보고, 이유와 원인을 찾으면 안개가 낀 현실이 아닌, 동굴에서 빛을 보는 환희와 기대를 만날 수 있다. 그러니 지금이 최고의 적기다. 빨리 준비할수록 꿈꾸는 미래는 더욱 구체적이고 선명하게 이룰 수 있다.

은퇴 준비, 언제까지 미루겠는가?

II

'내 사업',
모든 이의 꿈이다

꿈은 목표다. 목표는 실행을 이끈다.
지난 삶을 되돌아보면 원하는 회사의 입사, 성과 창출, 승진,
높은 연봉 등 목표를 정하고 그것을 달성하기 위해
노력한 시간이었다. 목표가 없으면 어디로 가야 할지 모른다.
목표, 진짜 원하는 꿈이 무엇인지 알아야 한다.

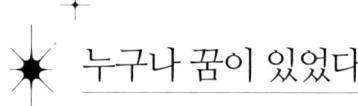
누구나 꿈이 있었다

　어릴 적 초등학교, 아니 국민학교 저학년 때 또래들의 꿈은 거의 비슷했다. 대통령 아니면 과학자. 지금 생각해 보면 대통령과 과학자는 가장 존경받는 대상이었던 것 같다. 그런데 그 꿈은 자신이 아닌 부모와 주변 어른들이 그렇게 부추긴 게 아닌가 싶다.
　시간이 지나며 꿈은 변한다. 고등학생이 된 후 꿈은 현실성을 입게 된다. 무엇이 되기 보다는 가고 싶은 대학이 꿈이 된다. 그 대학 입학은 간절하게 마련이다. 고등학생 시절, 학교 도서관의 가림막 앞에 진학하고 싶은 대학의 심볼을 붙인 학생을 몇몇 봤다. 그들에게 그 학교의 진학은 간절한 꿈이었다.
　취업을 앞둔 시기가 되면 꿈은 매우 현실적으로 바뀐다. 연봉이 높고 안정적인 대기업, 입사 후 인사고과의 높은 평점을 위한 성과 창출, 높은 연봉을 받을 수 있는 승진, 여러 모로 상황이 현재 보다 더 좋은 곳으로의 이직…. 대통령, 과학자와는 거리가 멀어지고, 거창하지 않더라도 실현가능한 목표로 바뀌게 된다.
　꿈이 현실성을 덧입으면 목표로 바뀌며 결과도 달라진다. 꿈이 무엇이 되는 직업과 직위였다면, 목표는 대부분 돈으로 바뀐다.

자산, 연봉, 거주 지역, 평수…. 놀랍지 않은가? 이것은 아마도 돈에 대한 집념의 산물일 것이다. 그리고 그것은 자신의 사회적 지위라는 믿음과 함께 과시욕도 어느 정도 담겼을 것이다. 그래서 기성세대는 물론 자녀 세대까지, 그들의 꿈은 건물주가 되는 것이라는 것을 어렵지 않게 듣곤 한다.

생각해 보면 직장인이면 누구나 꾸는 꿈이 있었다. 정말 많은 이들이 '내 사업'을 꼽는다. '이유'를 물으면, 우선은 큰 돈을 벌고 싶은 마음이고, 그 다음은 더 이상 눈치도 보지 않고, 스트레스도 받지 않는 삶을 살고 싶은 열망 때문이었다. '원인'은 무엇일까? 바로 자신의 삶에서 본인이 주도권을 잡고 싶은 마음이다.

퇴직 후 자신의 삶을 성공적으로 만든 세 명의 사례가 이어진다. 소개하는 이유는 단순히 그들의 성공 결과를 설명하기 위한 것이 아니다. 나는 아침에 일어나면 스마트폰으로 뉴스를 본다. 수많은 성공과 실패의 결과가 소개된다. 그런데 이런 성공과 실패의 결과는 한순간에 만들어진 게 아니다. 그런데 많은 이들은 결과에만 집중하는 경향이 있다. 결과에는 분명 그 결과를 만든 많은 과정이 있다. 세 명의 사례에서도 그 과정에 집중해서 보기 바란다.

컴퓨터 영업 사원에서
국내 굴지의 렌털사 대표로

1993년 12월, 고선우 모두렌탈 전 대표는 전역 후 이듬해 여름 토피아라는 컴퓨터 회사에 입사해 백화점에서 컴퓨터 판매, 즉 영업을 담당했다. 열심히 한 덕에 전국 1등을 할 수 있었다. 본사에서는 현장 유통 경험이 있는 직원이 회사의 유통 전략을 수립해야 한다며 그를 본사 유통기획실로 발령냈다. 이런 경우는 거의 없었다. 그의 업무는 유통 기획으로, 유통 채널을 넓히고 유통 시장을 개발하는 것이었다.

당시 용산전자상가는 컴퓨터 오프라인 판매의 중추였고, 이후 세진컴퓨터랜드(현 롯데하이마트), 전자랜드 등의 양판점 유통과 더불어 백화점 유통도 성장했다. 1998년 국내 최초로 TV 홈쇼핑 방송이 시작되며 유통 채널은 자연스럽게 이커머스로 이어졌다. 고 대표는 이 모든 걸 경험했고, 고스란히 고 대표의 자원이 되었다.

고 대표가 직원으로 근무했던 당시, 한 해의 컴퓨터 판매 물량 중 70~80%는 졸업과 입학, 신학기 시즌에 이루어졌다. 판매 후에는 고객이 바로 사용할 수 있도록 컴퓨터, 프린터, 스캐너까지 설치해야 했다. 그런데 기사 한 명이 설치할 수 있는 양이 정해져 있다 보니 성수기에는 더 많이, 그리고 빠르게 설치하기 위해 설치 기사와 운송용 자동차를 풀가동해야 했다.

문제는 비수기였다. 성수기와 달리 설치 기사와 운송용 자동차는 대부분 잉여 인력과 자원이 된다는 것이었다. 이는 기업 입장에서는 큰 부담이 될 수밖에 없었다. 고 대표는 이 문제를 해결하기 위해 고민했고, 유통 채널별로 물류를 관리하는 게 효율적이라고 생각하게 되었다.

당시 스테이플러를 가로와 세로, 각 1센티미터로 찍어야 한다는 등 이해하기 힘든 지시를 한 상사와의 잦은 갈등, 자신과 아내의 수입만으로는 가정을 꾸려나가기가 쉽지 않다는 현실 등 여러 이유로 퇴사를 결심했다. 그리고 유통 채널별 물류 관리라는 아이템을 가지고, 유통 담당 부장을 찾아가 퇴사 계획을 얘기하며 자신에게 컴퓨터 설치 물량을 외주로 달라고 요청했다. 평소 그의 성실한 모습을 본 그 부장은 백화점 판매 물량을 주겠다고 했다. 이것이 사업의 발판이 되었다. 그 부장의 기회 제공과 지지가 사업 시작을 위한 마중물이 된 것이다.

컴퓨터 설치 사업의 전제는 설치 주문 의뢰를 받는 것이었다. 사업이 성장하기 위해서는 더 큰 물량을 의뢰받아야 했다. 컴퓨터

한 대가 100만 원이라면 100대의 가격은 무려 1억 원이었다. 고 대표와 한 번도 같이 일해보지 않은, 창업한 지 얼마 되지 않은 회사에 선뜻 이 물량을 맡기는 회사를 찾기는 쉽지 않았다. 제조사는 담보를 원했는데, 고 대표는 흔하지 않은 방식이었지만 당일 설치하지 못한 수량에 대해 상시 운영 재고 분량을 담보로 하는 보증보험을 통해 문제를 해결했다. 그렇게 시작해 삼성, 삼보, 현대, 주연테크 등 당시 모든 제조사로부터 설치 의뢰를 받을 수 있었다. 그리고 창업 3년 차에는 매달 1만 5천~2만 대를 설치할 수 있었다.

물량이 커지다 보니 의뢰받은 컴퓨터를 안전하게 보관할 창고가 필요했다. 오피스텔 지하나 1층 로드 상가를 빌렸다. 하지만 11톤 트럭이 시도 때도 없이 드나들다 보니 민원이 끊이지 않아 쫓겨나기 일쑤였다. 컴퓨터가 들어오는 날에는 도난이 우려되어 첫아이를 임신한 아내와 창고에 전기장판을 깔고 잔 날도 부지기수였다. 이런 상황은 이루 말로 다 할 수 없었다.

시간이 지나며 컴퓨터의 수요가 급증했고, 성수기와 비수기의 구분 없이 판매량도 급증했다. TV 홈쇼핑에서는 한 시간에 약 3천 대가 팔리기도 했다. 이렇게 많은 양이 팔리다 보니 판매사에서는 설치 인력의 부족해 난리였다. 판매 속도에 맞춰 설치도 이뤄져야 했기 때문이었다.

고 대표는 단순히 속도에만 집중하지 않았다. 그는 속도 위에

서비스까지 더해 업무 매뉴얼을 만들었다. 고객 방문 전 미리 스케줄 잡기, 도착 전 고객에게 전화하기, 조끼 형태의 유니폼 착용, 얼굴 사진이 있는 사원증 패용은 물론 여름에는 여벌의 티셔츠와 발 냄새를 줄이기 위한 덧신 신기까지 매뉴얼에 넣었다. 경쟁사는 많았지만 이런 매뉴얼을 가진 곳은 없었다.

회사가 성장하며 마침내 컴퓨터 판매도 하게 되었다. 설치 사업은 단가가 낮은 반면, 판매는 단가가 높아 매출도 급성장했다. 컴퓨터 판매는 LG-IBM에 이어 LENOVO, DELL까지 확대되었다. DELL의 경우 본사에서 직접 판매하는 게 원칙이었지만, 유일하게 한국은 고 대표와 판매를 계약했다. 신뢰의 결과였다.

하지만 연 매출 1천억 원을 눈앞에 두고 시장에 큰 변화가 생겼다. 설치가 필요 없는 태블릿 PC와 스마트폰이 등장한 것이었다. 이는 곧 컴퓨터 설치 사업의 사양화를 의미했다. 상승하던 매출은 2015년을 지나며 꺾였다. 게다가 주 매출 채널이었던 TV 홈쇼핑이 송출 수수료를 인상하며 판매수수료까지 대폭 인상해 매출까지 많이 떨어지게 되었다.

앞이 안 보이던 암담한 시기, 고 대표는 택시 기사와 나눈 대화에서 돌파구를 찾았다. "컴퓨터가 왜 안 팔릴까요?", "비싸니까 못 사는 것이지요.", "그럼 한 달에 2~3만 원을 내면 사시겠어요?", "당연히 사죠." 그는 이 대화에서 머리를 한 대 얻어맞은 느낌이었다고 회상한다. 비싼 가격은 허들이었고, 허들을 넘을 수 있는 방법은 바로 렌털이었던 것이다.

얼마 지나지 않아 고 대표는 택시 기사와 나눈 대화를 기억하며 렌털 사업을 기획했다. 그리고 과거 정수기 렌털을 기획한 맥쿼리 파이낸스 한 임원, 무림 캐피탈의 한 직원을 만나 렌털사를 설립했다. 렌털을 몰랐던 고 대표는 영업을 담당했고, 나머지 두 명은 운영을 맡았다. 6개월이 지나고 일이 많아지자, 고 대표를 제외한 두 대표는 하나가 되어 고 대표의 영역까지 무례하게 침범하더니 동업자로서의 존중 대신 하대하는 일까지 벌어졌다. 결국 고 대표는 그들과 결별했다. 함께한 기간 동안 고 대표는 렌털 로직에 대해 알게 되었고, 나머지 두 명은 영업 방식을 알게 되었다.

결별 후, 고 대표는 세 명이 협업하기 전인 2005년에 고 대표가 설립했던 한 법인의 법인명을 모두렌탈로 이름을 바꿔 다시 렌털 비즈니스를 시작했다. 그러니 이 법인은 경쟁사 대비 더 오랜 역사를 가진 회사인 것이다.

그는 자신만의 렌털 로직을 만들었다. 핵심은 '모두가 원원하는 로직으로, 대기업이 하지 않는 것을 대상으로 독점적인 구조를 갖는 것'이었다. 모두렌탈과 함께하는 카드사, 기업 등의 협력사는 모두렌탈과 계약을 맺었다. 모두렌탈은 타 경쟁사 대비 더 좋은 혜택을 가질 수 있었고, 협력사 역시 그에 상응하는 보상을 얻을 수 있었다.

이후 TV 홈쇼핑의 방송 회당 컴퓨터 판매 물량은 7천 대까지 늘었다. 렌털 판매 물품은 컴퓨터에서 다방면으로 확대되었다. 고 대표는 형광등을 LED로 교체하는 것을 비롯해 승마 운동기구, 음식물 처리기, 고주파 얼굴 피부 관리기, 탈모 치료기, 요실금 치료기 등을 렌털 상품으로 개발했다.

그렇게 상품이 확대되며 매출도 늘었다. 첫 해 연 매출 10억 원에 이어 100억 원, 400억 원, 700억 원, 980억 원까지 성장했다. 700억 원이 되었을 때 스탠다드 차타드 PE 대표로부터 모두렌탈을 M&A하고 싶다는 연락을 받았다. 하지만 양쪽의 의견이 달라 무산되었다.

이후 삼일회계법인에서 다시 연락을 받았다. 그때까지만 하더라도 고 대표는 매각 의사는 없었다. 회사를 더 키우고 싶었다. 연 매출 1천억 원 이상의 회사로 성장시키고 싶었다. 하지만 연 매출이 980억 원일 때 자신의 역량이 거기까지라고 생각해 회사를 키울 파트너를 찾고 있었다. 그런데 그렇게 따라가다 보니 어느 순간 매각을 위한 딜을 하고 있었다.

2019년 12월 23일, AJ그룹과 SV인베스트먼트, 두 회사가 컨소시엄 형태로 모두렌탈 고 대표가 가진 지분 100%를 매입하는 방식으로 매각이 이루어졌다. 고 대표는 그렇게 모두렌탈을 1천억 원에 매각했다.

고 대표는 컴퓨터 설치 사업을 18년 정도 했다. 사람들은 컴퓨터 설치 사업은 5년 정도면 끝날 것이라고 했지만 자신이 가진 다양한 경험을 자산으로 활용해 흔들리지 않고 추진했다. 그리고 마침내 부러움을 사는 결과를 만들었다.

고 대표가 가장 아쉬워하는 것은 연 매출 1천억 원을 만들지 못한 것이다. 고 대표는 그가 스물한 살 현역병으로 복무할 때 면회 온 아버지의 뒷모습을 잊지 못한다고 했다. 그가 사업을 한 본질적인 이유는 최소한 부모 때와 다르게 살고 싶은 마음 때문이었다. 부모는 희생하며 살았고, 자식들이 그걸 알아주기를 원했다. 그런데 자식 입장에서는 그 모습이 무엇보다 안쓰럽고 속상하게 보였다.

고 대표는 그렇게 살고 싶지 않았다. 자식들을 위해 희생할 준비는 되어 있지만, 아버지의 뒷모습에서 느낀 그 감정을 자녀에게 절대 보여주고 싶지 않았다고 한다. 여전히 자녀에게는 수퍼맨이고 싶은 마음인 것이다. 이 마음이 치열했던 지난 삶에서 흔들리지 않도록 고 대표를 꼿꼿이 세워줬던 힘이었던 것이다.

식품 유통 직원에서
식판 세척 비즈니스 대표로

식판스토리 중랑동대문점 이현창 대표는 대학 졸업 후 1997년, 가야 토마토 농장 등을 판매하는 (주)건영식품의 영업직 채용 공고를 보고 지원, 입사했다. 그 당시 국내는 IMF로 경기가 무척 좋지 않았다. 당시 영업직의 일반적인 인식은 긍정적이지 않았고, 심지어 기피했던 분야였다.

이 대표의 첫 업무는 슈퍼마켓을 대상으로 자사와 경쟁사의 입점률을 조사하는 것이었다. 당시에는 지금처럼 편의점이 활성화지 않았던 때로 소비자의 주된 접점에서 하는 이 업무는 매우 중요한 것이었다. 영업직에 대한 인식이 좋지 않았지만, 막상 해 보니 업무가 매력적이었고, 적성에도 맞는다는 것을 알게 되었다.

3개월 후에는 각 지역의 대리점을 관리하는 업무를 하게 되었다. 백화점과 대형 마트는 본사에서 직영으로 운영했지만, 대리점은 직영이 아니었기 때문에 매장 운영 노하우를 전수하고 관리하며 판매를 독려하는 것이 그의 업무였다.

당시 건영식품은 성장세였다. 건영식품의 대표는 범양상선 대표의 아들이었는데, 아버지의 사업인 범양상선을 성장시키기 위해 건영식품에서 번 수익을 범양상선에 무리하게 투자하다 보니 신제품 개발, 시장 확대 등 성장을 위한 투자가 충분하게 이루어지지 못했다. 결국 급여 지급이 밀리는 일까지 발생했다.

이 대표는 같은 유통업으로 이직할 곳을 찾았다. 그러던 중 2000년 11월, 제일제당에 입사했다. CJ로 사명을 바꾼 제일제당은 매출이 커지며 분사했고 이 대표는 CJ 프레시웨이 소속으로 근무하게 되었다. 업무는 김밥천국 등 프랜차이즈 가맹점에 식자재를 납품하는 것이었다.

CJ 프레시웨이는, 경쟁사가 가지지 못했던 전국 유통망이 있었고, 이 덕에 프랜차이즈 가맹점도 늘어도 공통 식자재 공급을 원활하게 할 수 있어 원윈할 수 있다는 장점이 있었다. 게다가 CJ 프레시웨이는 발주와 배송, 사후 처리와 위생관리까지 체계적으로 하는 차별적 강점이 있었다.

당시 생소했던 메뉴인 베트남 쌀국수를 판매하는 포베이가 국내에 들어온 지 얼마 되지 않았는데, 강남권에 매장이 많아지는 것을 보게 되었다. 그리고 이 대표는 성장 가능성을 보고 직장 동료와 자신의 아내 명의로 동업을 시작했다. 이후 직장 동료와의 동업은 정리하고 혼자 운영하게 되었다.

장사는 잘 되었다. '이것만 해도 먹고 살겠구나'하는 생각이 들 정도였다. 하지만 그게 전부가 아니었다. 외식업은 저녁 늦게까지 해야 하고, 또 주말에도 영업을 해야 하기 때문에 개인적인 시간을 가질 수 없었다. 한마디로, 직장 생활과 병행하는 것이 무척 어려웠고, 무엇보다 자녀와 함께 보낼 시간도 없었다. 체력의 한계도 여러 번 느꼈다.

이 대표는 겸업을 하며 중요한 것을 실감했다고 했다. 첫 번째는 소속 회사의 업무로 고객을 대할 때에도 최선을 다했지만, 아무래도 자기 사업으로 고객을 대하는 것에는 분명히 열정의 차이가 있다는 것이다. 두 번째는 직원 관리가 정말 힘들었다는 것이었다. 직원 관리는 물론 퇴사와 구인이 반복되는 게 상당히 힘들었다. 세 번째는 자신의 활동적인 성향상 가게 안에만 있는 게 무척이나 힘들었다는 것이다. 고민 끝에 8년 후 가게를 매각했다.

CJ 프레시웨이에서 함께 근무했던 동료의 권유로 마흔이 넘어 대양에프엠에스에 입사했다. 이 기업은 대형 회사의 구내식당에 식자재를 납품하는 회사였는데, 프랜차이즈가 아닌 단체 급식을 하는 회사라 새로운 영업을 경험할 수 있었다. 하지만 대형 거래처가 타 회사로 거래를 바꾸며 사세가 급하게 기울었고, 4년 정도 근무하다 구조조정 때 퇴사했다.

이 대표는 40대 중후반에 CJ 프레시웨이에 재입사했다. 그의 업무는 단체 급식 경로 영업을 하는 것으로 경로만 다를 뿐 원리는 같았다. 조직장(팀장)으로 근무하며 팀을 이끌었는데, 가장 힘든 것은 20대 후반에서 30대 초반의 구성원과 소통하는 것이었다. 늦게 조직장이 되었기 때문에 세대 차이는 더욱 크기만 했다. 결국 몇몇 이유로 퇴사하게 되었다. 당시 큰아이는 고등학교 3학년이었고, 포베이 매장도 정리했기 때문에 현실은 암담하기만 했다.

그러던 중 CJ 출신의 크로바 대표로부터 대기업 근무 경력을 인정해 주겠다며 입사 제의를 받았다. 크로바는 유치원, 어린이집 등에 식자재를 공급하는 중소 식자재 회사였다. 외식과 급식은 그가 경험했던 것과는 다른 분야였고, 경로도 다르다 보니 쉽지 않았다.

그렇게 1년 정도 하다가 지인을 통해 식판 스토리라는 식판 세척업을 알게 되었다. 어린이집, 유치원 등 영유아 교육기관의 식기류를 수거, 세척, 살균, 포장, 배송하는 회사였다. 이 사업을 알게 된 이 대표는, 크로바 대표에게 식판 세척업을 새 비즈니스로 제안했지만, 대표는 적극적인 의지를 보이지 않았다.

쉰 살이 코앞, 결국 이제는 어느 정도 나이가 있으니 직접 창업해야겠다고 마음먹게 되었다. 그 나이가 되니 직장생활을 하면서 받는 스트레스는 더 버겁게 느껴졌고, 무엇보다 자신이 주도적으로 해보고 싶다는 마음이 간절했기 때문이었다. 잘 되면 다행이고, 그렇지 않더라도 한 살이라도 어릴 때 도전하는 게 실패하더라도 다시 도전할 수 있겠다는 생각 때문이다.

그때까지 그가 유통업에서 근무하며 얻은 다양한 경험을 살려 여러 방면에서 깊게 검토했다. 그리고 자신의 경험을 되살리고 비즈니스 관점으로 보니, 어린 자녀의 식판을 세척하는 것이 다르게 느껴졌다. 어린이집과 유치원에 자녀를 보내는 부모를 대상으로 월 1만 원에 식판을 닦아 어린이집과 유치원에 배송해 주면 이용할지 의사를 물었다. 거의 모든 사람이 하겠다고 했다. 그리고 부모들이 원하면 원장도 수용할 수밖에 없다는 가능성도 보게 되었다.

사업의 본질은 세척이고, 핵심은 편리함과 위생이었다. 본사에서는 설비와 운영 노하우를 알려주어 어렵지 않았다. 그리고 식판 사업이 초기라 경쟁도 치열하지 않았다. 월 1만 원으로 수익구조를 분석했다. 월 3천 장을 확보할 수 있다면 월 매출 3천만 원. 고정비를 감안하더라도 사업성이 있었다.

이런 상황과 사업성을 분석해 보니 열정을 넘어 확신하게 되었다. 몸으로 하는 일이니 정신적 스트레스도 훨씬 적을 것이고, 사회생활을 하는 동안 영업만 했으니 영업에는 자신이 있었다. 물론 채권 리스크도 있지만 소액이기 때문에 운영에 미치는 영향력도 비교적 적었다. 교육기관은 평일에만 운영되기 때문에 주말과 공휴일에는 쉴 수 있고, 개인 시간도 가질 수 있다는 것이 큰 매력이었다. 또한 창업 자본이 적다는 것도 큰 장점이었다. 그리고 포베이의 시설비는 2

억 5천만 원인 반면 식판 세척업은 1억 원이면 되었다.

퇴사 한 달 전에 자금과 운영 계획을 세우고 2019년 11월 퇴사 후 바로 시작했다. 이 대표의 나이 쉰 살이었다. 대출을 받아 시드 머니를 만들고, 남양주 지역을 타깃으로 시작하려 했다. 그런데 한 어린이집 원장의 아들과 다른 동종 회사가 2~3개월 전에 선점하고 있었다. 사업을 준비하며 미처 조사하지 못했던 부분이 큰 문제가 되었다. 그래서 그에게 친근한 중랑구와 동대문구를 검토했다. 다행히 선점한 업체가 없어 영업권을 이곳으로 바꿨다.

그런데 한 달 후 코로나19가 발생했다. 집합금지 명령에 어린이집과 유치원은 문을 닫았다. 대출까지 받아 야심 차게 준비했지만, 코로나19 앞에서는 답이 없었다. 그렇게 1년 동안 적자를 보며 버티고 버텼다. 1년 정도 지나니 다행히 집합금지 명령이 완화되며 수요가 조금씩 생기기 시작했고, 매출도 조금씩 커졌다.

게다가 식판 세척업이 소문나자, 어린이집과 유치원 원장이 직접 문의하기도 했고, 서비스에 만족한 원장이 다른 원장을 소개해 주기도 했다. 그렇게 시간이 지나며 사업은 성장했고, 현재는 사업 초기의 목표였던 월 3천 장도 거의 이루게 되었다.

물론 길게 보면 식판 세척업은 블루오션은 아니다. 출산율이 낮아지며 어린이집과 유치원의 원생도 큰 폭으로 줄어들고 있고, 어린이집과 유치원의 수도 줄어들고 있다. 그리고 식판 세척업 경쟁도 심화되고 있다. 하지만 분명 해결할 방법이 있다고 이 대표는 강조한다. 편리함과 위생의 니즈는 성인 대상의 단체 급식에도 적용할 수 있기 때문이다.

식판 세척을 식당에서 직접 하려면 설비와 공간, 사람이 필요한데 비용이 너무 들고, 또한 사람들은 힘든 일을 선호하지 않아 직원 관리가 쉽지 않다. 그래서 식판 세척의 외주는 그들에게 너무나 좋은 해법이었다. 그는 그동안 쌓아온 경험과 경력을 살려 성인 식판 세척 분야로 확대할 예정이라고 한다. 이 대표의 또 다른 도전이다.

그의 꿈은 노년에 풍요롭지 않더라도 부족함 없이 가족과 나누며 즐기는 행복이다. 그리고 목표가 정해지면 미리 준비해야 한다는 것이 그가 오랜 시간의 경험을 통해 만들어진 철칙이다. 몸을 움직이는 행복이 얼마나 큰지도 새삼 느낀다는 그는 미리 준비하지 않으면 돈이 많아도, 시간이 많아도 꿈꾸는 것을 쉽게 가질 수 없다고 한다. 그는 가족과 함께 보내는 은퇴 후의 꿈을 30대부터 꾸고, 준비했다고 한다.

# 회사원에서
취미를 사업으로

내가 한창 직장 생활을 하던 서른 후반, 선배와 후배를 따라 나섰던 캠핑이 지금까지 취미가 되었다. 캠핑을 하며 A를 알게 되었다. 그는 직장 생활을 하며 그의 삶에서 자신의 존재가 없어진다는 생각을 하게 되었다고 했다. 그리고 그렇게 사는 게 결코 행복하지 않을 것이라는 생각에 이르렀다고 했다. 그래서 퇴사 전 자신의 꿈이 무엇인지 스스로에게 물었다고 한다. 그렇게 어느 시간이 흘렀고, 마침내 과감히 사직서를 냈다.

그는 자기가 좋아하는 캠핑을 본격적으로 시작했다. 소속이 없어져 허전함도 있었지만, 마음 한쪽에는 다시 직장 생활을 하더라도 자신을 찾고 싶었다고 했다. 그가 원했던 것은 캠핑이 아닌 '자신을 찾는 것'이었다.

캠핑하며 캠핑에 대한 기록을 남기고 싶어 블로그를 시작했다. 그 외의 다른 목적은 없었다. 혼자 하는 소위 솔캠을 했던 그는 어느 날 섬을 찾았고, 집중적으로 섬 캠핑에 집중했다. 그런데 그의 삶에 변화가 찾아왔다. 사람들은 그의 블로그를 통해 섬 캠핑에 대한 장소, 장비, 기후 등에 따른 적절한 대응법 등 다양한 정보를 얻었다. 그뿐이 아니었다. 그의 블로그를 방문한 사람들은, 캠핑 정보를 넘어 휴식, 자유로움 그리고 '나 다운 삶'에 대한 대리만족을 얻게 된 것이다. 그의 블로그 방문자 수는 자연스레 늘었다.

어느 날 캠핑용품 회사에서 자사 캠핑용품을 홍보용으로 사용해달라는 요청을 받게 되었다. 사람들은 그가 사용하는 캠핑용품을 궁금해했고, 캠핑용품 회사에서는 좋은 마케팅 포인트였기 때문이다. 소위 혼자 캠핑하는 '솔캠'의 특성상 장비는 부피가 작고 가벼운 고기능성 용품이었기 때문에 그의 사용과 설명은 판매로 이어졌다. 아예 어떤 회사는 캠핑용품 개발에 함께하자고 제안하기도 했다. 그렇게 예상하지 못했던 수입이 생겼다.

그런데 문제는 캠핑이 일이 되다 보니 또다시 직장생활을 하던 때처럼 바빠지게 되었다. 그리고 자신이 원했던 것이 무엇인지 다시 생각하게 되었다. 결국 협업을 요청하는 회사에 회의와 미팅이 가능한 요일을 정해 통보했다. 수입은 줄어들더라도 자신이 살고 싶은 삶을 살겠다는 첫 마음가짐을 실현하는 것이기도 했다.

그는 섬 여행에 대한 몇 권의 책을 냈고, 그가 찍은 사진으로 전시도 했다. 그리고 한 섬에 숙소를 만들어 운영 중이다. 유명세를 탔으니 팬들도 많았고, 그 숙소를 이용하는 사람도 늘었다. 사람들은 그의 이런 콘텐츠를 자신의 SNS에 퍼 날랐다. 안정적인 선순환이 자리를 잡은 것이다.

그가 그토록 찾던 자신은 누구였을까? 자신이 좋아하는 것을 나누는 즐거움, 자신과 함께하기 원하는 사람들과 함께하는 기쁨, 이런 것을 통해 자신의 삶에서 자신이 온전히 주인공이 되는 것이었다.

 성공을 만드는 공통점,
자신만의 자산 활용

　스티브 잡스가 아이폰 출시를 알리는 프레젠테이션에서 그는 '터치로 컨트롤 할 수 있는 와이드 스크린의 아이팟(Wide screen iPod with touch controls)', '혁신적인 모바일 폰(Rovolutionary mobile phone)', '상식을 뛰어넘는 인터넷 커뮤니케이션 디바이드(Breakthough Internet communicator)'를 이야기하며, 아이폰은 아이팟, 폰, 인터넷이 세 가지로 분리된 디바이스가 아닌 한 개의 디바이스라고 소개했다.

　더불어 그는 기존 모토롤라 Q, 블랙베리, 팜 트레오, 노키아 E62가 스마트폰의 대명사인데, 이들 디바이스의 특징은 기기 하단 면적의 약 40%가 버튼식 플라스틱 키보드가 차지하고 있다고 했다. 아이폰은 분실하기 쉬운 스타일러스 펜을 없애는 대신 키보드를 스크린에 넣었으며, 이를 위해 마우스와 클릭 휠(Click Wheel)의 특징을 가져와 오직 손가락 터치로만 멀티터치(Multi-Touch)를 할 수 있는 혁신적인 UI로 구현했다고 강조했다.

또한 중요한 것은 맥과 아이팟의 장점을 접목한 매킨토시의 OS인 X를 그대로 구현해, 매킨토시의의 다양한 기능과 효율성, 심지어 보안 시스템까지 매킨토시의 모든 것을 폰에 적용했다는 것이다. 이를 통해 하드웨어와 소프트웨어 사이에서 필요한 상호작용까지 완벽하게 구현했다며 아이폰의 특징을 설명했다.

한 발 뒤에서 생각해 보면, 세상에 새로운 것은 없다. 아이폰 역시 기존 제품의 재구성이다. 영화 〈써니〉에서도 극 중 인물이 라디오를 들으며 게임 잘하는 사람이 대우받고, 컴퓨터를 들고 다니고, 물도 사 먹고, 전화기로 사진도 찍고, 텔레비전도 보는 시대가 올지도 모른다는 대사가 있다. 물론 스마트폰 출시 이후에 제작된 영화이긴 하지만 이런 상상은 누구나 했었다. 모두 기존 제품과 현상을 바탕으로 한 생각의 재구성이다. 영화 〈백 투 더 퓨처〉에서도 미래 시대에 발의 사이즈에 맞춰 신발이 자동적으로 조여지는 신발은 10년 후 나이키에서 출시되었고, 하늘을 나는 호버보드 역시 여러 회사에서 출시했다.

2023년 2월 16일, 중소벤처기업부와 창업진흥원이 발표한 창업기업(사업 개시 후 7년 이내)의 특성을 조사하는 〈창업기업실태조사〉를 보면, 2020년 기준 전체 창업기업 수는 307만 2000개다. 이중 청년층 창업 기업은 약 67만 5000개, 40대 이상 중장년층 창업기업은 약 239만 3000개로 중장년 창업기업이 청년층보다 3.5배가량 많았다. 또한 전체 창업자의 연령은 50대가 31.3%로 가장 많았고, 40대 30.2%, 30대 17.8%, 60대 이상 17.1%, 20대 이하 3.7% 순이었다.

중장년 창업자의 과반수는 취업 상태에서 창업을 진행했다고 응답했다(40대 65.4%, 50대 64.8%, 60대 이상 66.3%). 창업기업에 종사하는 고용자 또한 중장년이 대다수였다. 전체 고용인원 361만 1672명 중 중장년은 305만 4581명으로 84.6%를 차지했으며, 이에 따라 매출액도 전체 988.5조 원 중 83.3%인 823.3조 원을 중장년 창업기업이 벌어들이는 것으로 나타났다.

전체 창업 기업 수 · 고용인원 · 매출액

구분(연령)	창업 기업 수	고용 인원	매출액
청년	67만 5140개 (22.0%)	55만 7091명 (15.4%)	157.0조 원 (15.9%)
중장년	239만 3319개 (77.9%)	305만 4581명 (84.6%)	823.3조 원 (83.3%)

출처=2020년 창업기업실태조사(중소벤처기업·창업진흥원)

또한 전 연령대 중 가장 긴 준비기간을 가진 연령대는 50대로 11.2개월이었으며, 40대는 10.2개월, 60대는 10.7개월 동안 준비했다고 응답했다. 대체로 창업 아이템 및 아이디어의 원천으로 본인을 꼽는 등 중장년의 88% 내외가 자신의 아이디어로 창업에 도전장을 내밀었다.

크든 작든 내 사업에 성공한 사람에게는 공통 분모가 있다. 그가 살아온 시간을 통해 쌓아온 경험과 경력을 활용했다는 것이다. 이것은 타인에게는 없는, 자신만의 차별적 자원이다.

그런데 은퇴를 앞둔 이들의 대부분은 그 경험과 경력에 숨겨진 가치를 모른다. 특히 낭떠러지 같은 은퇴라는 현실에서는 더욱 그렇다. 감정과 생각이 현실에 머물러 "이제는 어떻게 해야 하지?" "내가 할 수 있는 게 아무것도 없는데?"… 이런 걱정과 우려로 한 발 내디딜 용기마저 내려놓곤 한다. 그래서 그렇게 열심히, 치열하게 살아왔지만 은퇴 이후의 삶을 생각하면 대부분 우울한 감정에 휩싸이게 되는 것이다.

앞으로 지난 삶에서 차곡차곡 쌓아온 경험과 경력에서 나만의 자산으로, 자원으로 만드는 방법을 소개할 것이다. 이 여정은 자신의 삶을 되돌아보며 자신의 존재를 새롭게 만나는 것이다. 그리고 이를 통해 덮어두었던 꿈과 용기를 갖게 되고, 우려가 아닌 희망과 기대로 미래를 보는 힘을 갖게 될 것이다.

III

꿈을 이루는
프로세스

자동차 내비게이션은 필수인 시대다. 왜일까?
시시때때로 바뀌는 교통 상황을 반영한 내비게이션은 빠르고
안전하게 목적지까지 안내하는 최적의 프로세스이기 때문이다.
삶도 그렇다. 프로세스를 안다는 것은 그만큼 안전하고
빠르게 원하는 꿈을 이룰 방법이기 때문이다.

 프로세스의 다른 이름, 지름길

우리는 프로세스 안에서 산다. 직장에서의 업무 프로세스는 오랜 기간 경험을 바탕으로 보완되고, 완성되었으며, 또 계속해서 진화한다. 직장에서 업무에 익숙하다는 것은, 프로세스를 잘 이해하고 실천하고 있다는 말이기도 하다. 입사 후 업무에 대해 배우는 것도 실제로는 프로세스를 익히는 것이다. 업무를 기획하고 진행하는 것, 다양한 이슈로 회의하고 실무진과 만나 논의하는 것, 사고 발생 시 대처하는 법, 더 많은 성과를 내기 위해 기존 자료를 찾아보고 재구성하는 것 등 모든 것이 프로세스다.

예전 에어비앤비코리아 사무실에 간 적이 있었다. 지정석이 없이 원하는 자리에 앉아 일하는 사무실의 벽면에는 호스트를 위한 다양한 그림이 번호와 함께 붙어 있었다.

호스트는 에어비앤비의 직원이 아닌 집 혹은 방을 빌려주는 이로, 동일한 그림을 가진 호스트가 문제가 생기면 동일한 그림을 보고 몇 번 그림에서 문제가 발생했다고 본사에 도움을 요청하는 것이었다. 호스트의 연령대는 다양하고, 교육 수준과 언어 등 소통 역량도 모두 다르기 때문에 번호가 적힌 그림이 가장 효율적인 소통 방식인 것이다. 이 프로세스 덕에 발생한 문제에 대해 보다 빠르고 효율적으로 대처가 가능하다.

개인의 프로세스도 마찬가지다. 하루의 일과도 그렇고, 여행을 가거나 외식을 하거나 취미 생활을 할 때도 프로세스대로 생각하고 움직인다. 가족 행사를 위한 이벤트 역시 이런 프로세스를 바탕으로 이루어진다. 그런 면에서 사람은 누구나 프로세스를 만들며, 그 프로세스대로 살아간다.

프로세스의 기준은 효율성과 효과성이다. 즉 원하는 목표를 가장 빠른 시간에 원하는 목표를 만들기 위해 어떤 자원을 어떻게 사용해야 하는지가 기준이 된다. 그리고 이 프로세스는 각자가 보유한 경험과 경력이 바탕이 되며, 보완하고 발전시키기 위해 또 다른 경험과 경력의 자원이 동원된다.

은퇴 후 자신의 꿈을 이루기 위한 목표 역시 프로세스를 따르면 보다 편하고 안정적이다. 하지만 은퇴 준비를 꼼꼼하게 하지 못한 이들은 두려운 감정에 휘둘리게 되고, 그 감정으로 인해 멈춰 서버리는 것이다. 아이러니하게도 지금까지 프로세스에서 살며 많은 성공 경험을 만들었지만, 정작 은퇴 후의 삶에 대해서는 프로세스를 생각조차 하지 못하는 경우가 대부분이다.

문제의 핵심은 업무 프로세스와 은퇴 후 삶에 대한 준비에 필요한 프로세스는 분명 차이가 있다는 것이다. 일상의 대부분을 업무 중심으로 살았던 이에게 업무 프로세스의 무게 중심은 자신이 아닌 회사였다. 즉 자기주도성이 매우 낮았다. 직장에서 만든 조직의 프로세스만 따르면 됐었다. 하지만 은퇴 후의 삶은 물론, 원하는 삶을 살기 위한 준비도 자기중심적으로, 자기주도적으로 프로세스를 만들어야 한다. 분명히 자신이 주인이 되어야 한다. 이후에 진행되는 프로세스에 대한 설명은 은퇴 후의 꿈꾸는 삶의 실현은 물론, 은퇴 후의 삶에서 자신이 주인공으로 우뚝 설 수 있는 프로세스이기도 하다. 자 이제 기대되는, 꿈꾸는 삶을 만들기 위한 프로세스로 나아가 보자.

 당신의 미래는 어떤 색깔인가?

코칭 기반 은퇴 준비서 〈빨리 은퇴하라〉를 출간한 후 기업, 공공기관, 교육센터 등 여러 곳에서 많은 강의를 했다. 수강생 대부분의 꿈은 '내 사업'이었다. 이유는 다양했다. 더 이상 눈치 보지 않고 스트레스 없이 일하고 싶어서, 진짜 자신이 하고 싶은 일을 하고 싶어서, 직장 생활 때보다 더 많은 돈을 벌고 싶어서⋯

그렇다면 교육을 듣는 수강생의 마음은 어떨까? 수강생들에게 과거의 삶과 미래의 삶을 색깔에 비유하게 했다. 과거의 삶은 대부분 형형색색 화려했다. 어떤 분은 열정적으로 살았던 빨간색이라고 했고, 어떤 분은 정년퇴직이 보장된 비교적 안정된 직장에서 근무해 노란색이라고 했다. 남들의 부러움을 많이 사 형광색이라고 말한 분도 있었고, 아무 생각 없이 그냥 살아와 흰색이라고 하신 분도 있었다.

그런데 놀랍게도 미래의 색은 대부분이 검은색이나 잿빛 등 무채색이 대부분이었다. 왜 그럴까? 이유는 너무나 당연했다. 막연했던 은퇴 이후의 삶을 준비하지 않고 직접 마주하고 나니 갈수록 두렵기 때문이다. 그 안에는 예전처럼 살 수 없다는, 돈을 많이 벌 수 없다는, 넓은 사회적 관계를 유지할 수 없다는, 존경과 부러움을 받던 명예도 없을 것이라는 절망과 자신감의 부재였다. 그 중에는 100세 시대는 축복이 아닌 재앙이라고 하는 분도 계셨다.

나는 생각이 중요하다고 믿는다. 잡지사에 근무할 때는 잡지를 비롯해 다양한 콘텐츠를 만들다 보니 출장도 많았다. 지금은 코칭과 강의로 지방 출장이 잦다. 또 여행과 캠핑을 좋아하다 보니 고속도로를 많이 이용한다. 수년 전, 한 고속도로 휴게소의 화장실에서 본, 작은 액자에 쓰여있던 문구를 잊을 수 없다. '생각을 조심하라 현실이 된다.' 처음에는 그냥 좋은 글귀 정도로만 생각했는데, 이 문구를 생각하면 생각할수록 무거웠다. 쉽게 넘길 수가 없었다.

생각해 보자. 우리는 자기가 이루고 싶은 것을 성취하기 위해 계속, 집중해서, 반복적으로 생각했다. 원하는 대학에 가기 위해 그 대학을 생각했고, 원하는 회사에 들어가기 위해 그 회사를 생각했다. 승진하기 위해 승진을 생각했고, 업무에서 이루고 싶은 성과를 위해 성과를 생각했다. 사랑하는 이와 결혼하기 위해 그 사람만 생각했다. 자신뿐만 아니다. 자녀가 좋은 대학에 가기 위해 좋은 대학을 생각했고, 좋은 직장에 입사하길 바라며 좋은 직장을 생각했다.

거의 모든 성공 경험은 생각의 산물, 현실이 되었다. 현실을 만드는 생각은 은퇴 후 앞으로도 진행된다. 그런데 미래를 암담한 의미의 검은색과 잿빛으로 생각한다면 미래도 그런 암담한 삶이 될 수 있다. 반면 화려한 의미의 색으로 생각한다면 역시 미래도 그렇게 될 수 있다. 이런 설명을 하면 대부분 미래의 색깔을 밝은색, 혹은 총천연색으로 바꾼다. 바꾸기만 하면 안 된다. 그 이유가 정확해야 한다. 이유를 명확하게 작성해야 한다.

색깔에 비유하는 나의 삶

과거 색깔	이유

미래 색깔	이유

 자신에게 거는 마법의 주문

인체에서 가장 똑똑한 장기는 뇌라고 생각한다. 과연 그럴까? 데일 카네기는 '생각을 바꾸면 인생을 바꿀 수 있다.'고 했다. 미국의 전문 뇌학자들의 한 연구 보고에 의하면 '뇌 세포의 230억 개 중 98%가 말의 영향을 받는다.'고 한다. 즉 뇌세포의 98%가 말의 지배를 받는다는 것이다. 그래서 의학계에서는 '뇌 속에 있는 언어 중추신경이 모든 신경계를 다스린다.'는 학설을 바탕으로 '언어 치료법'이 개발되기도 했다.

베르타데트 르모완느(Bernadette Lemoine)와 디안느 드 보드망(Diane de Bodman)이 쓴 〈왜 그렇게 말해주지 못했을까(Petites phrases à leur dire pour les aider à grandir)〉에도 같은 내용이 있다. 말에는 에너지가 있어서 능력을 북돋워 주기도 하고 억누르기도 하면서 엄청난 영향력을 끼친다고 한다. 자신이 한 말이나 다른 사람으로부터 들은 말이 뇌에 각인되어 그와 유사한 결과를 만들게 된다는 것이다. 특히 말에는 행동을 이끄는 힘이 들어 있다고 한다. 말이 뇌에 인식되고, 뇌는 신경을 작동시키고, 신경은 행동을 일으키기 때문이다. 좋은 말을 하면 좋은 일이 생기지만 나쁜 말을 하면 나쁜 일이 생길 가능성이 그만큼 높다.

　1940년 미국 하버드대 연구팀에서 학생 130명을 대상으로 러닝머신에서 5분 달리기 테스트를 했는데 이를 버텨낸 학생은 손에 꼽을 정도였다. 연구팀은 이 학생들이 60대가 된 후에 직업 성취도와 사회적 만족도, 심리적 적응 수준을 조사해 보니 러닝머신에서 버텨낸 시간에 비례한다는 것을 발견했다. 고작 5분이었지만 강한 의지의 차이가 있었던 것이다.

　펜실베이니아대 심리학과 앤젤라 더크워스(Angela Duckworth) 교수는 '성공에는 재능이나 성적보다 더 중요한 무언가가 작용한다'라고 주장했다. 재학 중 머리가 좋은 학생보다 그에 미치지 못하는 학생의 성적이 더 높고, 수학 점수가 낮은 학생이 나중에 세계적인 로켓 공학자가 됐다고 한다. 성공한 사람들의 특징은 실패에 좌절하지 않고 목표를 향해 꾸준히 정진할 수 있는 '열정과 끈기'를 갖고 있다는 것이다.

　열정과 끈기에 나이 제한은 없다. 파나소닉으로 알려진 마쓰시타 전기의 창업자 마쓰시타 고노스케 회장은 어린 시절 너무나 가난해 많이 배우지는 못했지만, 지식의 힘과 건강의 소중함을 깊이 인식하고 이를 실천해 일본에서 '경영의 신'으로 불린다. KFC의 창업자 커넬 샌더스(Colonel Sanders)는 65세에 1,008번의 실패를 딛고 성공했다. 칸트는 74세에 〈순수이성비판〉을 발표했고, 베르

디는 85세에 〈아베마리아〉를 작곡했으며, 괴테는 82세에 〈파우스트〉를, 미켈란젤로는 90세에 〈천지창조〉를 완성했다.

은퇴 후의 삶에 대해 고민하고 있는 자신에게 당신은 어떤 말을 하고 있는가? "잘할 수 있다."는 용기? "암담하다."는 좌절? "어떻게 되겠지."라는 무책임? "배우자 혹은 누군가에게 의지하면 되겠지."라며 러닝 머신에서 5분도 못 달리는 의지박약?

앞에서 '뇌 세포의 230억 개 중 98%가 말의 영향을 받는다'고 했다. 타인은 물론 자신에게도 긍정적이고 용기를 주는 말을 해야 한다. 물론 말로만 끝나면 안 된다. 성공 신화를 쓴 많은 사람들처럼 '열정과 끈기'가 있는 행동이 따라야 한다.

자, 과거로 돌아가 보자. 당신 안에는 타인에게 없는, 지금까지 살아오며 만들어 낸 자신만이 가진 성공 경험 자신이 있을 것이다. 내 인생을 멋지게 만들었던 성공 경험 Top 5를 생각해 보자. 일은 물론 일이 아닌 부분도 상관없다. 다섯 개 말고 더 써도 좋다.

그 다음은 그 성공을 만든 성공 경험 자산을 적는 것이다. 모두가 안 된다고 했던 것을 며칠 밤을 새워 성공한 '불굴의 의지', 자신의 부족한 것을 보완은 물론 우월한 능력으로 만들어 낸 '근성', 팀워크의 협업을 넘어 구성원 모두가 환호를 지르게 만든 '리더십', 아주 디테일한 계획은 물론 변수까지 고려해 만든 기획안을 완성했던 '꼼꼼함', 내근직임에도 불구하고 현장까지 찾아가 배운 것을 업무에 반영한 '책임감' 등 다양할 것이다. 위에서 작성한 성공 사례에서 공통적으로 작용한 것이라면 더 좋다. 먼저 왼쪽에 단어로 적고, 그 옆에는 그 근거가 무엇인지 적으면 된다.

그 다음은 이런 성공 사례를 만든 당신은 어떤 사람인지 집중해 한 문장으로 자신을 표현하는 것이다. 앞에서 작성한 단어를 활용해도 좋고, 그 단어를 포괄하는 새로운 단어로 적어도 '불가능 속에서 가능성을 찾고 최선을 다하는 사람', '여러 사람의 의견을 듣고, 그 중에 자신만의 기준으로 최선의 방법을 선택해 목표를 이루는 사람', '정확한 근거와 논리를 바탕으로 원하는 결과를 분명히 만드는 사람'처럼 작성한다. '코뿔소 같은' '뜨거운 태양 같은' '드넓은 바다 같은' 등의 비유를 사용해도 좋다.

다음은 지금까지 작성한 내용을 바탕으로 은퇴를 준비하는 자신을 다시 깊게 보는 것이다. 많은 성공 사례를 만들고, 많은 부러움을 받고, 누구보다 자신만만했던 당신이 은퇴라는 현실을 마주하며 느껴지는 많은 생각과 감정, 갈망을 활용해 자신을 정의하면 된다. 예를 들어, '지금까지 만들어 온 성공과 만족을 지속해서 이어가기 원하는 사람', '일에 쏟았던 열정을 자신에게 쏟기 원하는 사람', '행복의 무게 중심을 가족에게 옮기고 싶은 사람'처럼 은퇴 후의 삶에서 진짜 원하는 생각을 담는 것이다. 솔직하게 지금의 생각을 담으면 된다.

마지막으로 이렇게 작성한 자산을 바탕으로 자신에게 용기를 주는, 반복해서 자신에게 용기를 주는 응원 메시지를 작성하는 것이다. 조세핀 킴(Josephine M. Kim)이 쓴 〈우리 아이 자존감의 비밀〉에서는 하버드대 학생이 어린 시절, 부모로부터 가장 많이 들은 말은 "다 괜찮을 거야."라고 한다. 중요한 시험을 앞두고 있을 때나 크고 작은 실패를 했을 때, 친구 관계에서 상처를 입었을 때 학생들은 이 말을 떠올리며 자신감을 갖게 하고 또다시 도약할 수 있는 용기가 되었다고 한다. "다 괜찮을 거야." 외에도 "네가 갖고 있는 모든 것에 감사해라.", "너는 나의 귀중한 보물이다.", "항상 우리 가족을 위해 열심히 일하시는 아빠에게 잘하렴", "늘 엄마를 공경해라."와 같은 말도 자주 들었다고 한다.

생각해 보자. 자녀가 어렸을 때 부모는 자녀에게 칭찬을 많이 한다. 아이는 이 말을 반복적으로 들으며 스스로 그런 사람 혹은 그래야 한다고 인식하게 된다. 그 메시지는 평생 가며, 시시때때로 떠올리고, 그가 결혼 후 낳은 자녀에게 동일한 방식으로 대물림할 수도 있다. 그게 반복해 말하는 힘이다.

중요한 것은 'OO야, 너는'으로 시작해 '사람이야'라고 끝내야 한다. 이 문장은 시시때때로 자신에게 해줄 마법의 말이다. 몇 번의 수정을 해도 상관없으니 천천히 생각해 작성하고 이후에 다시 수정해도 좋다.

경험과 경력에서 발견하는 나

당신의 성공 경험 Top 5는 무엇인가?

1. _____
2. _____
3. _____
4. _____
5. _____

과거 성공 경험 자산은 무엇인가?

단어	근거

경험과 경력에서 발견하는 나

현업에서 많은 성공을 만든 당신은 어떤 사람인가?

은퇴를 고민하는 당신은 어떤 사람인가?

자신에게 보내는 응원 메시지는 무엇인가?

간단하지만 지난 삶을 되돌아봤다. 지금까지 살아오며 이룬 많은 성공 사례를 살펴봤고, 그 성공 사례를 만든 자산을 꼽았다. 이를 통해 현역 시절의 자신이 어떤 사람인지 정의했다. 그리고 은퇴를 앞두고 고민하는 자신이 어떤 사람인지 깊게 살펴봤다.

이런 성찰과 정리는 아마도 처음일 것이다. 작성한 것을 보니 어떤 기분이 드는가? 마지막으로 그 꿈을 이루기 위해 '자신에게 보내는 응원 메시지'를 작성했다. 이 메시지를 큰 소리로, 본인의 귀에 똑똑히 전달될 수 있도록 자신 있게 열 번 읽어보자. 스무 번도 좋다. 이것은 당신의 입으로 당신의 뇌에 거는 마법의 주문이다.

이제 눈을 감고 의기소침하고 두려움에 휩싸였던 예전의 자신과 비교해 보자. 어떤 변화가 있었는가? 당신은 지금까지 많은 성공을 만든 장본인이다. 누구보다 잘 할 수 있다. 아니 충분히 그렇게 하고도 남을 사람이다.

성공 확률을 높이는
기적의 프로세스

프로세스에 대한 이야기를 다시 해 보자. 프로세스(Process)의 사전적 의미는 '일이 처리되는 경로나 공정'이다. 쉽게 말해 '원하는 결과를 얻기 위해 해야 하는 일의 경로'다. 프로세스의 일반적인 장점은 다섯 가지가 있다.

첫 번째는 신뢰할 수 있다는 것이다. 오랜 시간 동안 많은 이들이 시행착오를 거쳐 만든 것이기 때문이다. 두 번째는 효율성이 극대화된다는 것이다. 정확한 프로세스는 업무수행을 할 때 가이드 역할을 하기 때문에 그대로 하면 일이 더 빠르고 쉽게 진행된다. 세 번째는 리스크를 줄여준다는 것이다. 프로세스의 각 단계는 표준화가 되어 있어 일정 수준 이상의 퀄리티를 어느 정도 보장한다. 네 번째는 진행 과정을 소통하고 공유한다는 것이다. 유관 부서 및 구성원들과 협업의 시스템을 기반으로 하기 때문에 구성원 혹은 유관자와 소통하며 품질을 향상 혹은 유지할 수 있다. 문제 발생 시 대처 방법도 쉬워진다. 마지막 다섯 번째는 정확한 기준과 투명한 과정을 가능하게 한다는 것이다. 프로세스는 모든 구성원에게 공개되어 있어 업무 방식은 물론 평가도 투명하게 할 수 있다.

생각해 보면 누구나 프로세스가 없는 시간을 보낸 적이 없다. 아침에 일어나면 정해진 시간에 출근 준비를 마쳐야 하기 때문에 최적의 프로세스대로 움직인다. 오랜 경험을 바탕으로 다듬어지고 발전한 프로세스는 루틴이 된다.

출근 후도 마찬가지다. 해야 할 일을 마주하는 순간 가장 효과적인 방식이 무엇인지 습관적으로 생각하게 된다. 회사의 프로세스를 기본적으로 이용하며, 더불어 자신만의 프로세스를 적용한다. 업무 후 퇴근 방법도 마찬가지다. 가장 빨리 집에 도착하기 위해 내비게이션을 이용한다. 교통 상황을 반영한 데이터는 도착 예상 시간은 물론 유·무료 도로를 선택할 수 있게 한다. 최종 선택은 오랫동안 경험한 자신의 경험이다.

앞에서도 얘기했지만, 지금까지 우리가 살아온 삶을 보면 결국은 프로세스 안에서 살고 있고, 또 자신의 상황에 맞게 프로세스를 수정하며 살아온 삶이라고 해도 과언은 아니다. 그런데 정작 퇴직 후의 삶에 대해서는 프로세스를 생각해 보지 않은 경우가 많다. 왜일까? 여러 이유가 있겠지만, 조직을 떠나는 퇴직이라는 단어를 떠올리는 순간 피하고 싶은 '부정적 감정'이 앞서기 때문이다. 감정이 앞서니 실행으로 이어지지 않는다.

프로세스를 반드시 잘 만들어야 하는 이유가 있다. 빌 게이츠가 단적으로 잘 설명했다. 그는 "어떤 기술이든 첫 번째 법칙은 효율적으로 운영되는 것을 자동화하는 것이 효율성을 높일 수 있다는 것이며, 두 번째 법칙은 비효율적으로 운영되는 것을 자동화하면 비효율성이 커진다는 것이다."라고 했다. 좋은 프로세스라면 효율성이 높아지지만, 그 반대라면 효율성이 떨어진다는 것이다.

그렇다면, 은퇴 후 원하는 삶을 만드는 프로세스도 있을까? 있다. 다음 장부터는 각 단계별 프로세스에서 당신 자신을, 당신 속에 있는 자원을 보다 구체적으로 살펴 보며, 꿈을 구체화하고, 그 꿈을 이루기 위한 다양한 성찰과 계획을 수립할 것이다.

IV

프로세스 1
의도

의도(意圖)의 사전적 의미는 '무엇을 하고자 하는 생각이나 계획. 또는 무엇을 하려고 꾀함'이다. 의도는 무슨 일을 시작하기 전 갖는 마음 자세로 다분히 행동 지향적이며, 그것을 해야 하는 이유와 목표는 물론 동기부여가 되기도 한다.

꿈꾸는 삶에 담긴
간절한 의도

　독립 후 사무실을 구하기 위해 부동산 중개업자를 만났다. 그는 매물로 나온 사무실을 방문할 때마다 어떤 특성과 장점이 있는지 꼼꼼히 나열했다. 물론 단점이나 부족한 점은 말하지 않고 단점이나 부족한 점에 대해 질문을 하면 어떻게 해서든 긍정적으로 합리화하려 했다. 더불어 자신이 얼마나 신뢰할 수 있는 사람인지도 틈틈이 어필했다. 특히 보증금과 임대료가 비싼 사무실의 경우에는 더욱 열심히 설명했다. 여러 이유가 있겠지만, 더 높은 중개 수수료를 받을 수 있다는 이유가 가장 컸을 것이다.

　사람의 마음을 살피는 코치로서, 그의 눈빛에 담긴 간절함과 친절함 속에 숨겨진 열정을 느낄 수 있었다. 그는 시시때때로 나의 눈빛을 살폈고, 긍정적인 반응에는 눈이 빛났다. 그럴 때면 "그렇죠!", "그것까지 보셨네요!" 같은 격한 반응을 보이기도 했다. 그는 어떻게 해서든 계약을, 조금 더 높은 수수료를 받을 수 있는 것으로 성사시키려는 의도가 있었던 것이다.

의도(意圖)는 쉽게 말해 '무언가를 이루고 싶은 마음'이다. 일부러 품은 악의가 아니라면 거의 대부분의 의도는 선하다. 우리는 알게 모르게 의도를 가지고 산다. 의도는 본인이 원하는 것을 현실로 만들기 위한 방향성이며, 목적 혹은 가치관이라고 해도 큰 무리는 아닐 것이다.

학창 시절 의도적으로 공부를 못해야 한다거나, 직장 생활을 하며 의도적으로 성과를 내지 않으려 한 적이 있는가? 아마도 불순한 목적이 없는 한 그렇지 않았을 것이다. 생각해 보면 의도에는 나쁜 의도는 거의 없는 것 같다. 공부를 열심히 한 것도, 직장 생활을 열심히 한 것도 모두 좋은 의도라는 바탕이 있었다.

결혼도 마찬가지다. 좋은 배우자를 만나고 싶은 의도가 있었고, 사랑하는 배우자를 만나 행복한 가정을 꾸리려는 의도가 있고, 자녀를 양육할 때도 잘 성장하기를 바라는 강력한 의도가 있다. 만일 가정에 문제가 생기면 어떻게 해서든 잘 해결하려는 의도는 더욱 강하게 발현된다.

의도의 속성 중 하나는 크든 작든 간절함이다. 의도가 강할수록 목표 의식도 강해지며, 그 방향에 맞춰 모든 것을 집중하게 된다. 승선한 손님에 대한 여객선 선장의 의도는 안전하게 그리고 만족할 수 있는 여행을 하게 하는 것이다. 갑작스러운 문제가 생겨 급하게 의사결정을 해야 할 때도 이 목적과 방향에 맞는가가 기준이 된다. 그것은 선장으로서의 신념이며, 잘해야 한다는 책임감이기도 하다.

물론 선한 의도가 반드시 좋은 결과를 만드는 것은 아니다. 선한 의도로 세운 정책이 오히려 정반대의 결과를 만드는 경우도 있고, 선한 의도로 기부한 돈이 엉뚱하게 사용되는 경우도 있다. 하지만 그렇다고 선한 의도를 가지면 안 된다고 할 수도 없는 것이다. 특히 자신의 인생이 달린 경우에는 더더욱 그렇다.

자신의 의도를 살피는 것은 자신을 세심히 보는 현미경 효과도 있다. 어떤 면에서 큰 기쁨을 느끼는지, 누구와 함께할 때 행복한지, 어떤 행동을 할 때 즐거운지를 볼 수 있다. 이를 통해 자신이 살고 싶은 삶을 보다 명확히 규정할 수 있고, 이를 통해 덜 지치고, 덜 힘들게 그 과정을 걸을 수 있다.

그래서 자신의 꿈을 알아야 한다. 그 꿈은 지금까지 살아온 삶의 이유이기도 앞으로 원하는 삶을 살기 위한 긍정적 동기부여이기도 하다. 그래서 의도를 명확하게 해야 하며, 더불어 실현 가능성도 살펴야 한다.

건물주가 꿈?

　은퇴 준비와 관련된 강의를 하면 꼭 하는 질문이 있다. 첫 질문은 "꿈이 무엇인가요?" 십중팔구는 건물주라고 답한다. 건물주에 담긴 의도는 돈 걱정 없이 살고 싶다는 것이다. 평생 돈 걱정하며 살았으니 돈 걱정 없이 살 수 있는, 소위 건물주야말로 최고의 꿈이라는 의도가 담긴 것이다.

　다음 질문은 "건물주가 되면 어떤 삶을 살고 싶으신가요?" 많은 분은 이렇게 답한다. 1년에 몇 번 해외여행도 가고, 취미 생활도 하고, 봉사도 하고, 자녀들과 행복한 시간을 보내고 …. 지금까지 돈 때문에 하지 못했던 삶을 살고 싶다는 것이다. 충분히 이해된다. 가족을 부양하느라 때로는 부모까지 부양하느라 정말 쉴 새 없이 일했기 때문일 것이다.

　다음 질문이 이어진다. "그런 삶을 산다면 마음이 어떨까요?"라는 질문은 항상 대답에 앞서 얼굴에 미소를 머금곤 한다. 상상만 해도 행복하니 말에 앞서 자연스럽게 행복과 기쁨이 얼굴에 나타나는 것이다. 답도 다양하다. 행복할 것 같다, 세상 부러울 것 없을 것 같다, 열심히 살아온 보상일 것 같다. 두 다리 쭉 펴고 잘 수 있을 것 같다 ….

　생각해 보자. 건물주가 꿈일 수도 있다. 그런데 조금 명확히 할 필요가 있다. '어떤 삶을 살고 싶은가?'는 '무엇이 되고 싶은가?'와 다른 질문이다. '어떤 삶'은 행복, 감사, 즐거움 등 자신이 누리는 마음의 상태. 다시 말해 배우자와 함께하는 해외여행, 친구와 함께하는 취미 생활, 봉사단에서 함께하는 나누는 삶, 자녀와 함께 보내는 행복한 시간을 통해 느끼는 마음의 상태다.

　'무엇이 되고 싶은가?' 역시 그 상태일 수도 있지만 어떤 목표를 이루기 위한 과정인 경우가 많다. 만일 건물주가 꿈이라면, 그 꿈을 이루기 위해 어쩌면 직장 생활을 했던 때보다 더 바쁘게 살아야 할 수도 있다. 그런 삶은 또다시 자신이 살고 싶은 삶과 거리가 멀어질 수 있다. 직장 생활을 할 때는 주로 주말에 쉬고 평일에 근무했지만, 퇴직 후 건물주가 되기 위해 밤낮없이 돈 벌 생각에 몰입되어 자신의 꿈은 물론 그렇게 소중하다고 말한 가족도 뒤로 밀릴 수 있다.

　어렸을 때 어른들은 "너는 커서 뭐가 될래?"라는 질문을 많이 했었다. 질문하는 어른도, 답을 하는 아이도 '뭐가 되는 것'을 꿈으로 생각했다. 어쩌면 이런 이유로 많은 이들이 건물주가 되는 것을 꿈으로 생각하고 있는지 모르겠다. 자녀에게, 손주에게 "너는 커서 뭐가 될래?"라는 질문이 아닌 "너는 어떤 삶을 살고 싶니?"라고 물어야 할 것이다. 그리고 "그런 삶을 살기 위해 무엇을 하고 싶니?"라는 질문을 하는 게 바람직할 것이다.

나는 어렸을 때 가난한 환경에서 자랐다. 아버지는 예전에 사업을 크게 하셨다고 한다. 그런데 내 기억에는 없다. 사업이 힘들어지고, 가세가 크게 기운 것이다. 그렇다 보니 어머니는 내가 국민학교 고학년 때부터 맞벌이를 하셨다. 부유한 집에서 큰 사랑을 받고 자랐던 어머니는 직장 생활 경험이 없었다. 그러니 식당, 공장 등에서 허드렛일을 하셔야 했다. 그런 어머니가 안쓰럽고 불쌍하기도 했다. 그리고 그 마음은 자연스럽게 가장으로 해야 할 역할을 제대로 하지 못한 아버지에 대한 원망으로 이어졌다. 그래서 내가 가진 꿈은 '아버지처럼 살지 않는 것'이었다.

중학교에 입학 후 첫 성적표를 받았다. 그걸 본 어머니는 환하게 웃으셨다. 이유를 물었다. 국민학교 때와 달리 기재된 등수를 보신 것이다. 웃음이 없던 어머니의 표정을 보며, 내가 공부를 열심히 해야 하는 이유가 되었고, 그것은 자연스럽게 아버지처럼 살지 않기와 맞물렸다.

'공부를 잘해 아버지처럼 살지 않겠다.'라는 꿈은 '가난하지 않고, 많이 웃는 삶'이었다. 그걸 이루기 위해서는 대학에 가야 한다는 생각으로 이어졌다. 고입을 앞둔 중학교 3학년 때 아버지는 가정 형편이 어려우니 공고에 진학해 졸업 후 빨리 취업하라고 하셨다. 하지만 굳건한 나의 꿈('가난하지 않고, 많이 웃는 삶'이라는 의도)이 있어 아버지를 설득하고 설득했다. 상향 지원으로 대입에 실패했을 때도 아버지는 취업을 권하셨지만 강력하게 재수를 하겠다고 했던 것도 나의 꿈(의도)이 굳건했기 때문이었다.

생각해 보자. 만일 꿈이 '가족과 함께하는 행복한 삶'이라면 어떨까? '가족과 함께하는'은 가족 전체는 물론 가족 구성원 한 사람 한 사람에 대해 생각하며 가족의 소중함도 다시 깨닫게 될 것이다. 또한 '함께하는 행복'은 지난 시간을 떠올리며 함께 웃었던 시간은 물론 후회와 반성의 시간으로 이어질 수도 있다. 이런 성찰 가운데 가족의 소중함, 함께하는 가치를 다시 깨닫게 될 것이다.

그렇게 되기 위해 돈 버는 데만 매몰된 게 아닌, 만나는 시간이나 대화 시간 늘리기, 소통 방법의 개선, 다양한 추억 만들기 등 훨씬 다양한 방법을 생각하게 될 것이다. 중요한 것은, 과정이 목표가 되면 안 된다는 것이다.

 ## 어떤 면에서 기쁨을 느끼는가?

앞에서 얘기했던 대로 나의 첫 직장은 잡지기자였다. 잡지기자로 지원 후 서류 전형에 이어 1차 면접은 회사의 각 매체의 편집장과 하는 것이었다. 어느 매체에 가고 싶은지 질문을 받았고, 나는 결혼 잡지인 〈My Wedding〉이라고 답했다. 이유는 크게 두 개였다. 첫 번째는 결혼 잡지인 〈My Wedding〉이 1등 매체라는 얘기를 들었기 때문인데, 근무 환경이나 회사 내에서의 위상도 일하는 데 도움이 될 것으로 생각했다. 두 번째는 미혼이었기 때문에 결혼할 때 도움이 될 것이라는 생각 때문이었다. 그룹 회장의 2차 면접 통과 후 다행히 내가 원하는 매체에서 일할 수 있게 되었다.

이후에 지금은 없어진, 프랑스 라이선스 패션지 한국판 〈madame FIGARO〉 창간 부서로 부서 이동을 하게 되었다. 패션이라는 분야는 생소했지만, 기획 기사와 인터뷰 등을 하는 피처팀이라 일이 어렵지 않았고, 새로운 분야의 사람들을 만나며 일하는 것이 즐거웠다.

무엇보다 편집장에게 배우는 게 무척이나 많았다. 잡지에는 고정 칼럼과 그때그때 만드는 비고정 칼럼이 있다. 〈madame

FIGARO〉는 패션 잡지다 보니 여행 칼럼은 비고정 칼럼이었다. 몇 차례 여행 기사를 쓰다 편집장을 간곡히 설득해 고정 칼럼으로 만들었다. 그러던 중 얼마 지나지 않아 창간 준비 중인 〈GQ〉 편집장에게 스카우트 제의를 받았다. 편집장 면접 통과 후 발행인 면접까지 합격했다. 그런데 번복했다. 이유 중 하나는 여행 칼럼을 고정으로 만든 후 이직하는 것은 책임감이 없는 행동이라는 생각 때문이었다.

수년 후 디자인하우스에서 스카우트 제의를 받았다. 지금은 없어진, 이탈리아 라이선스 여행지 한국판 〈DOVE〉였다. 여행을 좋아하기도 했지만, 글쟁이라 어쩔 수 없는지 눈길을 잡은 것은 표지의 한 문장 때문이었다. 'Design Your Life Afterwork', 일 이후의 삶을 디자인하라는 것이었다. 매체의 설명을 보니 '놀아보지 못한 사람은 시간과 돈이 있어도 놀지 못한다. 일에서의 성공은 반쪽짜리 성공이다. 일 이후의 삶을 성공해야 진짜 성공한 삶이다.'라는 것이었다. 얼마나 멋진 말인가. 결국 〈DOVE〉 편집부로 이직했고, 피처팀장, 편집차장에 이어 편집장으로 근무했다.

지금까지 인생을 통틀어 정말 즐거웠던 때가 〈DOVE〉에 근무했을 때다. 여행을 좋아하고, 그 여행 정보를 독자에게 알리고, 그에 대한 피드백을 받았을 때 나는 묘한 희열을 느꼈다. 단순히 눈으로만 보고 끝나는 게 아니라 매체에 소개된 여행지를 직접 다녀

왔다는 독자의 피드백은 '내가 참 귀한 일을 하고 있구나.'라는 생각을 하게 했다. 그리고 '독자에게 도움이 되었다.'는 생각에 참 뿌듯해했다.

뿌듯하기는 지금도 마찬가지다. 코칭을 배우고 코치로 활동하며 적잖은 사람들에게 도움을 주고 있다. 코칭 고객이었던 모 기업의 임원은 일대일 10회 코칭을 마치며 '인생에서 최고의 선물을 받은 기분'이라고 했다. 다른 임원은 '나를 볼 수 있었다. 이제 나다운 인생을 살 수 있겠다.'라고 했다. 강사로서도 마찬가지다. '열정적 강의와 안정을 주는 태도에서 많은 깨달음을 얻었다.'고 하고, '다른 교육과 달리 재미와 열정을 얻었다. 몰랐던 삶의 이유와 목표를 깨달았다고 했다. 누군가에게 도움이 되는 삶, 나는 이런 데서 큰 기쁨을 느낀다.

덕업일치라는 말이 있다. 사전적 의미는 '자기가 열성적으로 좋아하는 분야의 일을 직업으로 삼는 것'이다. 자신이 좋아하는 것이 직업이 되니 얼마나 행복할까? 쉽게 말해 일을 즐기며 할 수 있는 것이다. 당연히 일하는 게 즐겁고 보람될 것이다.

현업에서는 '해야 했던 일'을 했다면, 은퇴 후에는 '하고 싶은 일'을 해야 하지 않을까? 잊고 있던, 정말 자신이 하고 싶은 일은 무엇인지 생각해 보자. 지금까지 생각해 보지 않았던 그것을 직업과 연계해 본다면 어떨까? 아마도 행복의 크기가 훨씬 커질 것이다.

 ## 당신이 꿈꾸는 미래의 삶은?

　당신이 원하는, 정말 살고 싶은 삶은 무엇인가? 참 쉽고도 어려운 질문이다. 강의 때 앞에서 말한 내용을 구체화한 적이 있다. 과거를 회상하며, 많은 경험을 통하며 자신이 진짜 원하는 삶이 무엇인지 찾아가는 것이었다. 가장 먼저 손을 든 한 수강생은 어렸을 때 아버지와 등산을 자주 했다고 했다. 처음에는 산은 그냥 산이라고 생각했다고 했다. 그런데 그렇게 여러 산을 오르며 산이 다르다는 것을 알게 되었고, 이후에는 등산을 앞두고 '이번에는 어떤 산일까?'라는 궁금증이 생겼다고 했다.

　대학 진학 후에는 산악 등반 동아리에 가입했고, 리더가 된 후에는 등반하기로 한 산을 모두가 안전하고 빠르게, 또 다양한 경험을 할 수 있도록 자료를 분석하고, 사전 답사를 통해 등반 시 포인트를 짚어주기도 했는데, 하산 후 모두가 행복해하는 모습을 보며 큰 행복을 느꼈다고 했다.

　대학 졸업 후 그가 소대장으로 군 복무를 했던 시절에는 최고의 소대로 선정되는 것이 행복했다고 했다. 부대원은 바뀌었지만,

이들을 꾸준히 교육시키며 팀워크를 다졌고, 새로운 전술과 작전을 짜며 복무 기간 동안 두 번 빼고 최우수 소대로 선정되었다고 했다.

직장 생활을 하며 새로운 업무를 맡을 때는 누구보다 잘 하고 싶은 오기가 생겨 모두가 인정할 정도로 열심히 해 최우수 사원으로 꼽혔다고 했다. 이직을 두 번 했는데 그 이유는 연봉이 아닌 더 이상 자신이 성장할 수 없을 것이라는 생각 때문이었다고 했다. 중년에 들어 산악회 동아리 회장을 맡으며 어렸을 때 미리 코스도 가 보고 새로운 코스를 개발했고, 산악회 회원들이 만족해 하는 모습을 보며 희열을 느꼈다고 한다. 이런 이야기를 하는 동안 그의 얼굴에는 미소와 흥분이 이어졌다.

그가 원하는, 살고 싶은 삶을 한 문장으로 정리해 보라고 하자, 그는 잠시 생각하더니 '안주하지 않는 도전의 삶'이었다. 정리 후 느낌을 물으니 한동안 말이 없었다. 그리고 마침내 입을 열었다. "이제 나다운 삶을 살 수 있을 것 같습니다." 사람들은 그에게 아낌없는 박수를 보냈다.

'나다운 삶'. 그렇다. 이 분은 미래에 살고 싶은 삶을 정하며 자신이 주인공이 되어야 한다는 것을 깨달은 것이었다. 지금까지 최선을 다해 산 삶에 대해 후회는 없었지만, 부모님과 가족을 부양해야 했기 때문에 무게 중심이 자신에게 없던 것을 깨달았고, 이제는 자기가 살고 싶은 삶의 방향을 구체적으로 찾은 것이다.

이후 그분은 그 꿈을 이루기 위해 경매를 배운 후 낙찰을 받아 되판 후에 자금을 마련하고, 지방에 내려가 살며 산악회를 운영할 것이며, 산에 가지 않을 때는 해당 지방의 특화 작물을 재배하며 돈도 벌 것이라고 했다. 그 이후에도 부동산 경매로 숙소를 마련해 산악인을 위한 유료 숙소를 운영하겠다고 했다. 그리고 초보자를 위한 등산 아카데미도 운영하겠다고 했다.

강원도 깊은 산골에서 태어난 또 다른 수강생은 '건강을 나누는 삶'이 꿈이라고 했다. 40대부터 당뇨와 고지혈증, 고혈압 약을 복용하고 있는데, 어느 순간 약을 먹는 자신이 한심하다고 느꼈다고 했다. 그리고 주변을 보니 성인병 약을 복용하는 중년들이 꽤 많았다는 것을 알았다고 했다. 50대에 접어드니 먹어야 하는 약이 늘어나는 것을 느꼈는데, 협심증으로 심장 수술을 받은 후에 아무리 돈이 많아도 건강하지 않으면 모든 게 의미가 없다는 말을 깊게 공감하게 되었다고 했다.

이후 바쁘다는 이유와 귀찮다는 핑계로 하지 않던 운동과 식이요법을 병행하니 차츰 건강과 체력이 회복되는 것을 경험하며 건강의 중요성과 회복 방법에 대해 깊이 생각하게 되었다고 했다. 그가 꼽은 '건강을 나누는 삶'에 대한 계획은 어떻게 발전했을까?

그는 강릉에 성인병 환자를 위한 당뇨 식당을 열겠다고 했다. 재직 시절, 식이요법의 중요성을 알고 있었지만, 직장 근처에 당뇨

환자를 위한 식당이 없었다는 것을 생각했고, 그곳에서 새 삶을 시작하겠다고 했다. 그는 강원도 첩첩산골 출신으로 어렸을 때 먹었던 많은 산나물을 떠올렸다.

"우리가 아는 남새(채소)는 그렇게 맛있지도 않고, 종류도 많지 않아요. 그런데 우리 고향에는 무꾸(무), 꼬갱이(배추 속), 꽤침이(고사리 비슷한 식물), 나생이(냉이)는 물론이고 약을 치지 않고 기르는 남새가 많아요. 맛도 향도 식당에서 먹는 것과 차원이 다르거든요. 아직도 산을 다니며 약초를 캐는 분들도 많이 알아요. 그분들에게 식재료를 받으면 될 것 같아요."

그는 살고 있는 서울에 있는 집을 전세로 주고, 전세 보증금에 대출금을 더해 식당을 열겠다고 했다. 고향 친구 중 몇몇이 강릉에 자리를 잡았는데, 그동안 내려와 살라는 말을 뒷등으로도 듣지 않았다고 했다. 친구들 도움을 받으면 가게를 얻는 것도, 가게를 운영하는 것도 그렇게 힘들지 않을 것 같았고, 무엇보다 앞으로 점차 중년이 차지하는 비중이 커지니 가능성이 보인다고 했다. 마침 직장에서 했던 일이 마케팅이라 멋지게 능력을 발휘하겠다고 했다.

이 얘기를 듣던 다른 수강생이 요즘은 젊은 여성도 다이어트를 많이 해 그쪽도 타깃이 될 수 있을 것이라고 거들었다. 사람들은 박수 쳤고, 저마다 다양한 아이디어와 격려를 보탰다.

"이렇게 정리하고 나니 어떠세요?" 그 분은 웃으며 "두메(산골) 생활이 지긋지긋했는데, 결국 또 반쪽은 두메 생활을 하겠네요. 지긋지긋했던 두메 생활이 이렇게 제게 도움이 될 줄 몰랐어요. 한여름에 골짜구니 골물(골짜기 시냇물)을 마신 것처럼 시원합니다!"

누구나 꿈꾸는 미래가 있다. 그 꿈꾸는 미래가 아주 어렸을 때부터 간직해 온 꿈일 수도 있고, 직장 생활을 하며 갖게 된 바람일 수도 있다. 대부분 처음에는 돈 걱정 없는 삶을 살고 싶다고 하지만, 더 깊이 들어가면 각자가 꿈꾸는 삶이 있다. 이것이 그 사람에게 행복을 주는 가치관이고 인생관이다. 다시 말하지만, 꿈을 구체화하고 나면 그 꿈을 이루고 싶은 간절함이 따라온다. 그렇다. 그게 당신이 꿈꾸는, 가장 행복하게 살 수 있는 삶이다.

자, 이제 꿈을 찾아보자. 왼쪽에는 인생을 통틀어 '행복했다고 기억하는 삶'을 적는다. 그리고 눈을 감고 '행복을 느낀 이유'가 무엇인지 곰곰이 생각해 보고 그 이유를 적는다. 즉흥적으로 작성하기 보다는 조금 여유를 두고, 인생을 돌아보며, 행복을 느낀 이유에 대해 깊이 생각하는 것이 좋다.

여기까지 다 마쳤다면, 행복을 느낀 이유를 다시 읽어 보고, 진짜 '내가 살고 싶은 삶'은 어떤 것인지 적는다. 웃음을 머금게 되고, 생각만 해도 기분이 좋아진다면 바르게 작성한 것이다. 만일 그렇지 않다면 다시 생각해 봐야 한다.

행복 가치 찾기	
행복했다고 기억하는 삶	행복을 느낀 이유
내가 살고 싶은 삶	

작성해 보니 어떤 기분이 드는가? 지금까지 살아오며 행복했다고 기억하는 삶은 생각만 해도 입가에 웃음이 머금어질 것이다. 그 행복의 이유를 정확히 아는 게 중요하다. 이 이유는 당신이 살고 싶은 삶에도 반영이 되어야 하기 때문이다.

V

프로세스 2
의견

의견(意見)의 사전적 의미는 '어떤 대상에 대하여 가지는
생각'이다. 살아온 시간 동안 만들어 온 크고 작은 성공 경험은
자신의 판단이 옳다는 생각을 고착화시킨다.
하지만 세상은 급변하고 변수는 끊임없이 생긴다.
그래서 자신의 생각을 객관화하기 위해서는
의견을 들어야 한다.

내 생각이 옳다?

　살아온 시간만큼, 또 성공 경험이 많은 만큼 우리는 '내 생각이 옳다'는 강력한 울타리에 자신의 신념을 가두는 경우가 많다. 그런데 과연 자신의 생각이 반드시 옳을까?

　1969년 미국에서 태어나 하버드대학교 경제학과 최우등 졸업, 하버드 MBA 최우등 졸업, 미국 재무부 비서실 실장, 맥킨지 경영 컨설턴트, 구글 글로벌온라인운영 부회장, 페이스북 최고 운영 책임자로 근무했던, 세계에서 가장 영향력 있는 인물 100에 선정된 인물. 바로 셰릴 샌드버그(Sheryl Sandberg)다.

　마크 저커버그(Mark Zuckerberg)가 구글의 규모를 네 배로 성장시킨 샌드버그를 페이스북 COO로 스카우트했을 때 샌드버그가 입사를 전제로 요청한 것은 세 가지였다. 저커버그의 옆자리에 앉게 해달라는 것, 매주 1:1 미팅을 하는 것, '뭔가를 망치고 있다고 생각되면, 반드시 말해달라'는 솔직한 피드백을 달라는 것이었다.

　직장에서 가장 불편한 자리인, 대표의 옆에 앉혀달라고 하는 게 말이 되는가? 불편할 수 있는 자리였지만 셰릴 샌드버그가 이것을 첫 번째 요구로 꼽은 것은 피드백의 효과를 알았기 때문이었다.

저커버그와 샌드버그는 매주 금요일 오후에 만나 업무 관계와 관련된 피드백을 나눴다. 솔직하고 투명한 상호 피드백은 매일 이루어질 정도로 일상화되었다고 한다. 이를 통해 두 사람은 문제가 쌓이는 것을 방지하고, 서로에 대한 강력한 신뢰를 구축할 수 있었다. 2022년 8월, 샌드버그가 메타(구 페이스북)를 떠날 때, 저커버그는 이 세 가지를 14년간 지켜왔고, "함께 성장했다."라고 회고했다.

샌드버그가 페이스북에 합류한 이후, 회사는 크게 세 가지 성장을 이루었는데, 첫 번째는 저커버그의 비즈니스 측면의 약점을 보완하고, 광고 기반 비즈니스 모델을 도입해 수익구조를 확립하며 흑자로 전환한 것이다. 두 번째는 성차별, 배타성, 권력 독점의 상징으로 지적되는 브로 문화(Bro Culture)에서 다양성과 포용성 중심으로 변화함으로써 조직 문화를 개선한 것이다. 마지막 세 번째는 인사, 재무, 마케팅 등 전반적인 운영 체계 구축하며 경영 시스템을 정비한 것이다.

저커버그는 샌드버그에 대해 "그녀가 없었다면 지금의 페이스북은 없었을 것"이라고 말했다. 샌드버그도 저커버그의 피드백으로 많은 성장을 할 수 있었을 것이다. 그녀는 14년간 근무했던 메타의 최고운영책임자(COO) 자리에서 물러나며 자신의 페이스북에 '14년간 마크 저커버그의 옆 자리에 앉았던 것은 명예이자 특권이었다.'라고 했다. 실제로 샌드버그는 피드백을 구하는 것이 자신의 성장에 엄청난 도움이 되었다고 말했다.

"내가 당신에게 더 잘할 수 있는 게 있다면, 어떤 것이 있을까요?", "이 업무에서 당신이 가장 어려움을 느끼는 부분은 무엇인가요?", "당신의 목표 달성을 위해 내가 도울 수 있는 방법은 무엇일까요?", "이전에 내가 했던 피드백 중 불편했던 것이 있었나요?", "어떻게 하면 내가 더 나아질 수 있을까요?", "내가 모른 체하고 있는 일은 무엇인가요?", "내가 모르는 일은 무엇인 것 같아요?"라는 질문을 동료는 물론 자신에게도 했다. 이런 질문은 자신은 물론 조직의 발전에도 큰 역할을 한 것이다. 이를 통해 '내 생각이 옳다'라는 울타리에서 자신을 밖으로 나오게 했다.

내가 독립 전에 근무했던 디자인하우스는 우리나라에서 가장 큰 잡지사였다. 그리고 이 회사의 이영혜 대표는 입지전적인 분이다. 디자인하우스는 1976년 국내 최초의 디자인 전문 잡지인 월간 〈디자인〉으로 시작되었고, 이영혜 대표는 이듬해 편집부 기자로 입사했다.

1980년, 이 대표는 적자였던 이 회사를 인수했는데, 당시 그의 나이는 고작 스물일곱이었다. 그런데 그 뒤 1년도 지나기 전, 신군부의 언론통폐합으로 월간 〈디자인〉이 폐간되었다. 하지만 이 대표는 문화공보부(현 문화체육관광부), 계엄사령부, 사회정화위원회를 찾아다니며 설득했고, 전두환 대통령에게 디자인의 중요성을 강조하며 월간 〈디자인〉을 복간시켜야 한다고 편지를 보냈다. 그리고 마침내 복간되었다.

그 이후 창간된 〈행복이 가득한 집〉은 지금까지 우리나라 리빙 잡지의 대명사가 되었고, 그 외에도 다양한 잡지와 단행본을 발행하고 있다. 또한 독자와 광고주를 오프라인에서 만날 수 있도록 기획한 〈서울리빙디자인페어〉와 〈서울디자인페스티벌〉 등을 기획해 우리나라 리빙과 디자인 테마 전시의 중추로 자리 잡았다. 디자인이라는 화두를 가지고 평생 뚝심 있게 창의적인 콘텐츠로 풀어내는 그분을 여전히 진심으로 존경한다. 우리나라 종이 매체의 역사에서 이영혜 대표의 이름은 누구보다 굵고 진하다.

하지만 재직 중 아쉬움도 있었다. 어느 날 아이폰 출시 전, 아이팟 터치를 구입해 사용하며 콘텐츠의 형태와 공급, 수익 모델의 변화를 직감했다. 대표를 찾아 설명했는데, 대표는 직원들 앞에서 프레젠테이션하라고 했다.

어설픈 지식을 모으고, 개인적인 생각을 덧붙여 프레젠테이션을 했다. 그 즈음은 첫 스마트폰이 출시될 때였는데, 프레젠테이션 후 대표이사는 전 직원의 모바일을 스마트폰으로 바꿔주었다. 당연히 나는 급변하는 현실에서 타 잡지사보다 치고 나갈 것이라는 기대가 생겼다.

그런데 안타깝게도 여기에서 큰 발전은 없었다. 내가 기대했던 것은 새롭게 대두한 디지털 환경에 맞는, 새로운 디바이스를 활용한 콘텐츠 기반의 비즈니스였는데, 그렇다 할 변화가 없었다. 주변 사람들에게 아쉬움을 토로했지만, 대표이사의 생각은 여전히 종이 잡지가 가장 잘 팔리던 시절에 머물러 있는 것 같다는 말만 돌아왔다. 물론 나의 생각이 전적으로 옳다는 것은 아니다. 핵심은, 많은 성공 경험이 오히려 허들이 될 수 있다는 것을 인정하고, 변화의 필요성을 수용해야 한다는 것이다.

2023년 기준 200년 이상의 역사를 가진 장수기업은 41개국 5,586개라고 한다. 이중 대부분은 아시아와 유럽에 분포되어 있는데, 일본은 3,146개로 절반이 넘고, 무려 1,000년 이상의 역사를 가진 기업은 7개나 된다고 한다.

독일의 과학기술기업인 머크 주식합자회사(Merck)는 1668년에 독일 담스타트에서 프리드리히 야콥 머크(Friedrich Jacob Merck)가 천사약국(Engel Apotheke)을 인수하며 설립되었고, 이후 그의 후손은 담스타트에서 대를 이어 약국을 운영했다. 그리고 19세기에 들어 엠마누엘 머크(Heinrich Emanuel Merck)가 화학사업까지 확대하며 회사를 성장시켰다.

머크 주식합자회사는 현존하는 가장 오래된 과학기술기업으로 의약, 생명과학, 전자 소재를 생산하는 글로벌 기업으로 성장했다. 한 언론과의 인터뷰에서 머크 주식합자회사의 전문경영인인

CEO는 '작은 변화'를 감지하는 역량이 장수기업의 비결이라고 말했다. 그는 머크의 DNA는 산업 변화의 흐름 속에서 기회를 놓치지 않는 것이라고 했다.

〈히든 챔피언(Hidden Champions)〉을 쓴 저자 헤르만 지몬(Hermann Simon)은 탁월하고 지속적인 혁신 없이는 미래 시장은 물론 현재 시장에서조차 살아남을 수 없다고 말한다. 혁신이란 기술과 제품에 한정되지 않고 사업의 모든 측면을 아우른다. 장수기업의 특징 중 하나는 공정의 혁신, 유통, 판매, 마케팅의 혁신을 통해 성장하고, 이를 바탕으로 지속적으로 생존한다.

혁신을 통해 생존을 이어가고 발전하는 기업 가운데 모든 라이더들의 로망으로, 고객충성도 세계 1위 브랜드인 할리데이비슨(Halley-Davidson)은 대표적인 예이다. 할리데이비슨 창업자 윌리엄 할리(William S. Harley)는 1901년 먼 길을 자전거를 타고 다니는 게 힘들어 자전거에 모터를 달았다. 얼마 후 모터를 단 자전거가 사업성이 있겠다고 판단하고, 1903년 작은 엔진이 부착된 자전거 회사를 설립했다.

하지만 1960년대에 들어 작고 날렵한 경량급 오토바이를 주종으로 내세운 일본 기업들로 인해 결국 1969년에 경영이 악화되었고, AMF에 인수되었다. 이를 안타깝게 여긴 할리데이비슨의 경영진 열세 명이 1981년 개인 돈을 투자해 회사를 독립시켰다. 회생

작업에 돌입한 할리데이비슨은 다시 창업 철학으로 돌아가 '이볼루션'이라는 엔진을 개발한다.

할리데이비슨을 살리기 위해 그들이 맨 먼저 한 것은 'H.O.G(Harley Owner's Group)'를 결성해 거리로 나선 것이다. 그들은 가죽 재킷을 입고, 100년 동안 바꾸지 않은 구식 할리데이비슨 V트윈엔진을 타고 전 세계 랠리에 나섰다. 반응은 폭발적이었다. 첫해 3,000명에 불과했던 H.O.G의 멤버는 2년 뒤 6만 명을 돌파했고, 2003년에 진행된 100주년 행사에는 무려 25만 명이 밀워키에 위치한 할리데이비슨 본사에 모여들었다. 성과도 놀라웠다. 1983년 대비 2007년 매출은 무려 24배, 이익은 930배나 되었다. 20년간 단 한 번의 적자도 없었으며, 2002년에는 〈포브스〉가 선정한 '올해의 기업'으로 뽑히기도 했다. 여행 잡지 〈DOVE〉 편집장으로 재직할 때 기자에게 H.O.G 행사를 취재하게 했는데, 멤버들의 자부심은 우렁찬 엔진 소리보다 훨씬 강렬했다고 했다.

할리데이비슨 성공의 핵심은 상당히 명료하다. 할리데이비슨이 가진 장점과 특징을 명확히 파악하고, 이 정체성에 혁신을 더했다는 것이다. 단순한 이동 수단이 아닌, 사람들의 마음을 잡기 위해 제품뿐 아니라 디자인, 공정, 마케팅, 유통 등 모든 면에서 혁신을 이어갔다.

2007년에 발행된 〈세계 장수 기업 세기를 뛰어넘은 성공〉을 쓴 미국 브라이언트대학교 경영학과의 윌리엄 오하라(William T. O'Hara) 교수는 이 저서에서 200년 넘은 20개 장수 기업의 공통점을 두 가지 꼽았다. 첫 번째는 실험적 아이디어의 실패를 수용하는 관용적 문화이고, 두 번째는 환경 변화에 맞춰 쉽게 사업 다각화를 이룰 수 있는 수평적 의사 결정 체계이다.

자기 확신의 과발현은 자만심이다. 자만심은 지나치게 과대평가하거나 타인을 깔보는 자신감의 과도한 형태다. 자기 자신을 지나치게 우월하다고 생각이 과해지면, 다른 사람을 얕잡아 보기도 한다. 자만심은 자신의 능력과 가치를 현실보다 과장된 방식으로 인식하며, 종종 자기 무능력을 인정하지 않는다.

'내 생각이 옳다'가 과해지면 '내 생각만 옳다'가 될 수 있다. 그렇게 되면 귀를 닫아 버린다. 결국 급변하는 환경에서 자신은 도태되는 것이다. 물론 자신의 생각이 반드시 잘못되었다는 것은 아니다. 하지만 귀를 열고 타인의 의견을 수용한다면 그 생각은 현실적인 판단을 하는 데 보탬이 될 수 있다.

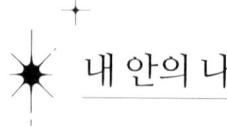# 내 안의 나는
나에게 어떤 말을 할까?

우리는 일상에서 많은 대화를 한다. 대화는 주로 질문과 대답으로 구성된다. 한 연구에 따르면 인간은 하루에 수백 개의 질문을 하고, 어린아이들의 경우에는 수천 개의 질문을 하기도 한다고 한다. 질문은 성인의 전유물이 아니다. 아이가 태어나 30개월이 되면 지적 수준이 향상되어 질문이 늘어나는데, 39개월이 되면 대화 중 18%가 질문으로, 9세까지 급격하게 증가한다고 한다. 인터넷의 발달과 챗 GPT 같은 AI의 출현으로 질문의 대상은 사람에서 컴퓨터와 스마트폰, 스피커로 확대되고 있다.

알고 보면 질문에는 놀라운 효과가 있다. 질문을 하면 답이 나온다. 가장 일반적인 효과다. 질문을 받으면 대답하기 위해 생각을 자극하게 된다. 그리고 질문을 하면 정보를 얻을 수 있다. 질문을 어떻게 하느냐에 따라 내가 원하는 쪽으로 대화와 생각을 이끌 수 있어 대화와 생각을 의도적으로 통제할 수 있다. 질문은 마음을 열게 한다. 특히 질문에 대해 잘 들어주면 마음은 쉽게 열린다. 질문은 귀를 기울이게 한다. 그리고 질문을 받고 답을 하면서 스스로 설득이 된다.

　질문은 성장의 비결이기도 하다. 질문을 받으면 답을 하기 위해서 생각하게 된다. 이 과정에서 생각을 정리하는 과정이 생긴다. 또 생각한 말을 하면서 또 다른 생각이 떠오르는 경우가 많다. 이 과정이 반복되면 생각이 깊어지고, 성찰의 단계로 넘어가게 된다. 예상하지 못했던 답이 나오게 되는 경우가 많다. 말하면서 '내가 어떻게 이런 생각을 했지?'라고 놀라는 경험이 있을 것이다. 이 과정이 더욱 고도화되는 것이다.

　전에 만난 한 코치는 외국계 컨설팅 기업의 이사로 재직했다. 그는 자신이 성장할 수 있도록 도운 대표 인물로, 그의 상사이자 그 회사의 외국인 대표를 꼽는다. 그 이유를 물으니, 기획안을 작성해 대표에게 보고했는데, 그 대표는 꼼꼼히 살펴 보고 이런 질문을 했다고 했다. "만일, 이 기획안을 다시 쓴다면 어떻게 쓰겠어요?"

　대표가 보기에는 부족한 점이 있었을 텐데, 그것에 대한 지적이 아닌 질문을 통해 스스로 성찰하게 하려는 것이었다. 이 질문을 처음 받았을 때는 꾸지람이라고 생각해 얼굴이 빨개지고 숨도 가빠졌는데, 자신의 생각을 얘기할 때 공감과 칭찬하는 모습을 보며 질타와 꾸중이 아니라는 것을 깨달았다고 했다. 그 후로 그는 기획안을 다 작성한 다음 자신에게 "만일, 이 기획안을 다시 쓴다면 어떻게 쓸까?"라는 질문을 하는 습관이 생겼다고 한다. 그는 직장 생활을 통틀어 최고의 성장을 가져다 준 질문이라고 했다.

    자신에게 진지하게 질문한 적이 있는가? 아마도 자신에게 묻는 경험은 없거나 많지 않을 것이다. 자신에게 하는 질문은 일반적인 의식의 아래로 들어가는 것이다. 자신의 생각을 묻는 방식은 자신을 객관화하는 게 보다 효과적이다. 예를 들면, 자신의 이름을 넣어 "OO야 네 생각은 어때?"라고 묻는 것이다. 한 번으로 끝나면 안 된다. 스스로 답한 말과 관련해 이어 질문을 해야 한다. "그렇구나, 그럼 네가 말한 두려움은 뭐야?", "영업을 위해 낯선 사람을 만나는 게 두렵다는 거지? 그럼, 그 두려움을 없앨 수 있는 방법은 어떤 게 있을까?"… 자문자답하는 게 낯설고 어색할지 모르지만, 습관이 되면 생각했던 것보다 효과가 상당히 크다는 것을 경험하게 될 것이다.

    다시 강조하는데, 질문할 때 자신의 이름을 넣는 게 중요하다. 그래야 더 깊은 생각을 하는 데 효과적이다. 그리고 반드시 분명한 목소리로 말해 자신의 귀가 들을 수 있게 해야 한다. 필자의 이름을 넣어 예를 든다면, "승영아, 네가 진짜 살고 싶은 삶은 어떤 삶이야?" "승영아, 너한테는 그 삶이 왜 중요해?", "만일 그 꿈이 이루어진다면 승영이, 너의 삶에는 어떤 변화가 생길까?", "그 삶이 이루어진다면 사람들은 승영이, 너에게 어떤 말을 할까?"…

질문의 효과를 배가시키는 것은 경청이다. 경청은 그냥 잘 듣는 것 그 이상이다. 경청의 경(傾)은 기울 경이다. 일반적으로 경청은 잘 듣는 것이라고 하지만 실제로는 상대에게 몸과 마음을 기울여 집중해 듣는 게 경청이다. 그렇게 해서 수면 위에 떠있는 소리가 아닌 수면 아래에 있는 감정과 의도까지 알아차려야 한다.

적극적으로 경청하면, 말하는 사람이 마음을 열게 되고, 공감과 호응까지 더하면 자신도 모르게 더 많은 말을 하게 된다. 이를 통해 '질문-생각-대답-경청'의 선순환이 자연스럽게 이어져야 한다. 내 안의 나는 나에게 어떤 말을 할까? 자신에게 질문해 보자.

 ## 창피해하는 게 창피한 것이다

　퇴직 사실을 타인에게 이야기하는 것은 사실 생각만큼 쉽지 않다. 특히 자발적 퇴사가 아닌 경우에는 더욱 그렇다. 감정은 행동을 통제한다. 수면 위의 감정 아래, 수면 밑으로 내려가 보자. 타인에게 이야기하는 것이, 어떤 감정 때문에 망설이게 되는 것일까? 무능력자로 생각하지 않을까 하는 창피함, 자신을 불쌍히 여기는 마음에 대한 회피, 자신과 사이가 좋지 못했던 사람들의 비아냥에 대한 자존심…. "야, 나 이제 가족에게 뭐라고 얘기해야 하냐?"라고 했던 친구도 당장 가족에게 퇴직 사실을 알려야 한다는 사실 밑에는 '암담함'의 감정이 있어 행동으로 옮기는 것이 쉽지 않았던 것이다. 그러니 타인에게 얘기하는 것은 더더욱 쉽지 않다.

　이 질문에 대해 당신은 어떤 답을 하겠는가? "어느 날 갑작스러운 퇴사 통보를 받는다면, 다음 날부터 무엇을 하시겠습니까?" 생각만 해도 끔찍할 것이다. 처음에는 머리도 식힐 겸 여행을 다녀오겠다고 할 수도 있다. 하지만 여행도 한두 번이다. 퇴직금이 있긴 하지만 마땅한 수입이 없는 상황에서 여행에 돈을 쓰는 것이 부담스러울 수 있다. 창피함이 앞서다 보니 아는 사람들이 없는 산으로 가는 횟수가 많아질 수도 있다. 암담함은 고위직이나 사회적으로 부러움을 받던 직종에 있던 사람들은 더 클 수 있다.

실제로 모 일간지에 근무했던 한 기자는 퇴사 통보 후 매일 서점에 갔다고 한다. 이유는 산에 가는 사람들처럼 보이기 싫어서였다고 한다. 그 마음도 이해되지만, 서점을 가는 것도 한두 번이다. 언제까지 서점에 가겠는가? 결국 산과 서점은 같은 곳이다.

중요한 것은 현실을 인정해야 한다는 것이다. 현실과 마주해야 한다. 만일 주변 사람들에게 퇴직한 이야기를 하면 어떻게 생각할까? 비웃을까? 능력 없는 퇴물로 취급할까? 아니다. 위로와 걱정을 해주는 사람이 훨씬 많을 것이다. 만일 당신 지인이 당신에게 퇴사했다고 말한다면 당신은 그를 비웃거나 퇴물로 취급하지는 않을 것이다. 창피함은 자신의 감정이고, 위로와 걱정은 타인의 감정이다. 자신의 생각을 객관화해야 한다. 울타리에서 나와야 한다. 절대 비난하지 않을 것이다. 자신의 감정에 매몰되지 말고, 스스로 가둔 벽에서 밖으로 나와야 한다. 현실과 정면으로 대면해야 한다.

생각해 보자. 퇴직 전까지 당신은 당당하게 보이려고 노력했을 것이다. 비록 직장 내에서 많은 스트레스를 받고, 때론 자존심 상하는 일을 당하더라도 구성원과 가족, 친구와 지인들에게는 당당한 모습을 보여주려 했을 것이다.

그랬던 당신이 퇴직 후 의기소침한 모습을 보이면, 그토록 중요하게 생각했던, 당당하지 못한 자신의 모습에 자신이 먼저 실망할 것이다. 그런 모습을 보는 타인도 마찬가지일 것이다. 결국 당신을 위로하고 격려하려 했던 이들도 당신을 측은하게 볼 것이다. 이런 상황을 원하는가? 결코 아닐 것이다.

주눅들 필요 없다. 당당해지자. 세상은 너무나 빨리 변하고 있다. 코로나19, 비대면의 일상화, 디지털의 급속한 발달 등 예상하지 못했던 상황이 벌어지고 있다. 기업이 비용을 줄이기 위해 고임금자를 내보내는 건 모든 나라의 현실이다. 게다가 다양한 스펙과 능력을 가진 젊은 이들이 밀고 올라오니 퇴직은 결코 예상하지 못했던 것도 아니다. 쉽게 말해 당신만 퇴직을 예상하지 못했던 게 아니다.

오히려 당당하게, 예전의 모습처럼 퇴직 소식을 전하고, 설사 마음은 그렇지 않더라도 웃으며 여유를 보이는 것이 훨씬 낫지 않겠는가? 그런 당신의 모습을 보는 이들도 한결 마음이 편해지고, 그런 모습 속에서 더 좋은 관계를 유지할 수도 있다.

필요하다면 그들에게 도움을 청할 수도 있다. 의기소침한 모습이 아닌 당당한 모습에 신뢰를 느껴 일을 주거나 도움이 될 만한 사람을 소개해 줄 수도 있다. 퇴직, 결코 창피한 게 아니다. 중요한 것은 인정하고 자존감을 높이는 것이다. 혹시 의기소침함이 앞선다면, 앞에서 작성한 '자신에게 보내는 응원 메시지'를 열 번만 입으로 말해보자. 할 수 있다는, 강한 힘이 솟구쳐 오를 것이다.

귀와 마음을 열어라

　기자 초년 시절 〈My Wedding〉에 근무할 때 글로벌 여행사의 한국 대표였던 분과 함께 출장을 가며 그분과 친해졌다. 일반적으로 유명 관광지를 엮어 상품을 만들어 팔던 여행사와 달리 이 여행사는 한 리조트에 머무르며 그 안에서 다양한 액티비티를 즐길 수 있도록 하는 상품인데 재미없을 것 같았던 예상은 오해였다. 세계의 다양한 음식을 여러 콘셉트의 식당에서 즐길 수 있었고, 리조트에는 다양한 액티비티가 있어 본인이 원하는 것을 선택해 즐길 수 있었다. 또한 전 세계에서 온 다양한 사람들과 어울리는 것도 신선했다. 결론적으로 정말 신기했고, 즐거웠다. 당시 이 여행사를 통해 신혼여행을 가는 이들이 상당했다.

　그분은 한국 법인을 만들 때부터 함께했던 창립 멤버로 많은 성과를 만든 덕에 대표가 되었다. 회사에 대한 자부심이 상당히 컸고, 자신이 하는 일에 대한 열정도 어렵지 않게 느낄 수 있었다. 더구나 이런저런 대화를 나누며 깊은 내공이며, 진솔한 인간미에 감탄하기도 했다. 여행 업계에서 주목받는 이유를 단박에 느낄 수 있었다. 회사는 계속 성장했고, 실적으로 증명되는 위상도 놀라웠다.

그러던 중 대표로서 직원의 잘못을 책임지고 퇴직한다는 말을 들었다. 애사심과 자부심이 높았던 분이라 그분의 퇴사 소식은 여행 업계에서도 큰 충격이었다. 더구나 회사를 성장시킨 주역이라 회사의 미래에 대한 걱정도 많았다. 개인적으로는 무척 존경했던 분이라 걱정도 앞섰다. 그분의 상황을 생각하니 먼저 연락하기도 애매했다.

시간이 지나 그분이 식사하자고 연락을 주셨다. 반갑게 통화를 했지만 내심 어떻게 지내시는지, 마음은 괜찮으신지 궁금하고 또 걱정도 되었다. 그리고 약속 장소에서 마침내 만났다. 그때 그분이 하신 말씀이 아직도 선연하다.

"그렇게 회사를 그만두고 1년 동안 집밖에 못 나갔어요. 못 나가겠더라고요. 사람들 만나는 것도 그렇고. 그렇게 1년이 지나고 나니 돈을 벌 수 있다면 누구한테든 머리를 숙일 수 있게 되었어요. 자존심을 버리고 만나서 얘기를 하니 회사를 성장시킨 저의 역량을 얘기하며 격려와 용기도 주시더라고요. 그래서 제 이름을 딴 여행사를 시작했어요."

이야기하는 그분의 표정에는 웃음이 함께했고, 잘 성장시킬 것이라는 자신감도 있었으며, 희망을 보고 달리는 열정도 느낄 수 있었다. 존경하던 분이라 그런 모습이 너무나 좋았고, 마치 내 일처럼 기뻤다. 그 여행사는 지금 최고급 여행사로 자리매김하고 있다.

세상은 서로 의지하며 살 수밖에 없다. 지금까지 그랬고, 앞으로도 그럴 것이다. 무언가를 결정하기 위해 주변에 얘기하고 많은 조언을 받았을 것이다. 어느 대학에 가야 할지, 어떤 전공을 택해야 할지 등등 선생님과 부모님 그리고 친구의 의견을 들었을 것이다. 사회생활을 처음 시작할 때도, 이직할 때도, 중요한 업무를 맡게 되었을 때도, 자녀 양육이나 부모님 부양에 문제가 생겼을 때도 그랬다. 우리는 살아가며 이 과정을 끊임없이 반복했다.

왜 그랬을까? 당연히 혼자 결정하는 것보다 합리적인 결정을 할 수 있기 때문이다. 조언을 요청받은 이들은 오랜 시간 당신에 대해 잘 알고 있고 또 현재와 미래 상황에 대해서도 자 알기 때문이다. 역시 그들의 의도에는 분명히 당신이 잘 되기 바라는 마음이 있었을 것이다.

창피함을 버리고 나면 용기가 뒤따른다. 그리고 앞에서 작성한 '자신에게 보내는 응원 메시지'를 자신에게 계속 말하면 용기는 더욱 커진다. 그렇다. 당신은 지금까지 많은 성공을 만들어왔고, 앞으로도 그럴 것이며, 누구보다 은퇴 후 삶을 멋지게 살 수 있는 존재다. 내가 나를 믿지 못하면 누가 나를 믿겠는가. 전에도 누구보다 잘했고, 앞으로도 그럴 것이다.

인맥,
조력자 그룹으로 재정리하라

이제 조언자 그룹을 만들어야 한다. 알고 보면 누구나 보물 같은 인맥이 있다. 스마트폰의 연락처를 열어 보자. 정말 많은 사람이 있을 것이다. 명함첩에는, 스마트폰에 없는 인맥이 있는 경우도 많다. 주로 직접 관계를 맺을 필요가 없어 명함만 꽂아두는 경우가 많기 때문이다.

그 외에도 종교 모임이나 동호회, 친목회 등에서 만난 이들은 정기적 혹은 비정기적으로 만나기 때문에 연락처를 저장하지 않거나 명함도 주고받지 않은 이들도 있다. 이들은 1차 리스트다.

중요한 것은 이 1차 인맥의 뒤에 있는 2차 인맥을 봐야 한다는 것이다. 만일 1차 인맥이 1천 명이라고 가정한다면, 1차 인맥도 각각도 1천 명의 인맥이 있다는 것이다. 물론 이 중에서 필요한 사람은 일부 혹은 극히 일부일 수 있지만 단순 계산으로 1백만 명이 되는 것이다. 1차 인맥과 직접적인 일을 하지 않더라도 적어도 1차 인맥에게 부담 없이 원하는 분야에 있는 사람(2차)을 추천해 달라고 할 수도 있다. 1차 인맥의 인맥이 더 많은 이들이라면 2차 인맥은 훨씬 많이 늘어난다.

인맥은 여기에서 끊이지 않는다. SNS, 블로그, 밴드 등에는 앞에서 추렸던 1차 인맥 외에 더 많은 인맥이 있다. 온라인에서 도움을 요청하는 콘텐츠를 올리면, 그에 필요한 정보를 주는 것을 많이 봤을 것이다. 눈으로 보기만 하는 '눈팅'만 했더라도 이제는 그 방법도 활용할 수 있다. 이것까지 생각하면 인맥은 생각했던 것보다 훨씬 많다.

그다음에는 이들 중에서 믿을 수 있는, 도움을 주고받을 수 있는 사람을 추려야 한다. 인맥이 많은 것과 실질적인 조력자의 양은 비례하지 않을 수 있다. 그러니 자주 연락하고, 서로 친하다고 느끼며, 자신에게 적정한 조언을 줄 수 있는 사람으로 3차 인맥으로 정리해야 한다. 만일 당신에게 도움을 받은 사람이라면 적극적인 조언은 물론 기꺼이 도움이 될 만한 사람도 소개해 줄 것이다. 말하자면 이들이 '믿을 만한 대화 파트너'인 진성 조력자 그룹이다.

급변하는 경영 환경에서 지나친 심사숙고는 오히려 해가 될 수 있다. 심사숙고만 하다가는 잠재적 기회를 잃는 경우가 허다하기 때문이다. 그래서 바쁜 일정에도 솔직하고 열린 자세로 명확히 의견을 개진할 수 있는 신뢰할 만한 파트너와 일부러라도 자주 만나는 것이 필요하다. 은퇴 준비를 하는 개인은 더욱 그렇다.

친한 친구나 동료가 조언자 역할을 할 수도 있지만, 반드시 가깝거나 자주 연락하는 사람일 필요는 없다. 오랫동안, 수년간 만나지 못한 사람도 충분히 조언가 그룹이 될 수 있다. 오랫동안 연락을 하지 않던 휴면 관계에 있는 사람이나 오다가다 만난, 크게 중요한 관계로 발전할 것으로 기대하지 않았던 느슨한 유대 관계에 있는 사람이 오히려 더 큰 도움이 되는 인맥이 될 수 있다.

사회학자 마크 그래노베터(Mark Granovetter)는 '약한 유대의 강점(The Strength of Weak Ties)' 이론을 통해 이런 느슨한 유대가 오히려 새로운 정보를 얻거나 기회를 발견하는 데 유용할 수 있다고 주장했다. 그에 따르면 이런 사람들은 친한 지인보다 훨씬 더 창의적이고 독창적인 아이디어를 제시하기도 한다고 한다. 또한 기존 이미지에 얽매이지 않고 새로운 모습으로 관계를 시작할 수 있고, 깊은 감정적 부담 없이 편안하게 소통할 가능성도 있다고 한다.

인간은 태생적으로 한 번에 100~200개 정도의 관계만 관리할 수 있다고 한다. 그 이상이 되면 휴면 관계로 넘어간다. 관계가 그렇게 소원해지면 결국에는 매우 멀어지거나 잊힌다고 생각할 수 있지만, 보석은 이 중에 분명히 있을 수 있다. 은퇴는 이들과 새로운 관계를 만들 절호의 기회다. 이들 인맥은 계속 가져가야 한다. 사람이 힘이다.

인맥은 분야로 정리하는 할 때 자원이 된다. 정리된 리스트는 고스란히 자신의 인적 네트워크 자산이 되는 것이다. 활용 분야는 자신이 활용할 만한 항목으로 작성하며 필요에 따라 수시로 바꿀 수 있다. 그리고 이들과 안부 인사를 포함해 지속적인 관계를 맺어야 한다. 그리고 자신의 생각과 계획을 인적 네트워크 자산 속 해당 대상자에게 얘기하고, 솔직한 피드백을 요청해야 한다는 것이다. 분야가 겹치는 사람도 있을 것이다. 해당 분야에 모두 적으면 된다. 다음 분류는 편의상 분류로, 자신의 상황에 맞게 수정하면 된다. 필요하면 항목을 더 늘려도 된다. 이제 3차 인맥(진성 조력자 그룹)을 작성해 보자.

진성 조력자 그룹	
항목	인적 네트워크 명단
인사	
노무	
세무	
정부 지원 정책	
아이디어 제안자	
다수 인맥 보유자	
헤드헌터	
기술 보유자	
금융 및 대출	
심리적 지지	

이렇게 정리하고 나니 어떤 기분이 드는가? 아마도 생각보다 많은 인맥이 있다는 것을 알게 될 것이다. 경험상, 이 양식은 한번 작성으로 끝나지 않는다. 계속해서 쓰고, 지우고, 또 쓰며 더욱 명료하게 정리된다.

이번 장에서는 우리는 의견(意見)의 중요성을 살펴봤다. 먼저 내 생각이 옳지만은 않다는 것을 살펴봤고, 또한 내면의 자신에게 자신이 어떤 사람인지 자신에게 의견을 물었다. 또한 감정에 휘둘려 자신을 감정에 가두지 말아야 한다는 것도 나눴다. 그리고 마지막으로 조언자 그룹을 만들어 퇴직 후에 진짜 필요한 인적 네트워크 자원(진성 조력자 그룹)을 찾아 정리했다. 생각보다 많은 인맥이 있고, 더불어 타인에게 자신도 진짜 인맥이 되어야 한다는 점도 깨달았을 것이다.

이제 중요한 것은 이를 바탕으로 심기일전하는 것이다. 움츠러들 필요는 전혀 없다. 출발선에 선 육상 선수는 누구나 두려움에 떤다. 하지만 자신이 잘할 수 있을 것이라는, 최선을 다해 달릴 것이라는 마음을 먹는 순간 온몸에 힘이 들어가게 된다.

퇴직을 눈앞에 두거나 이미 퇴직한 사람들의 생각은 거의 이렇다. "나는 할 줄 아는 게 없는데?", "난 평생 한 일만 했기 때문에 그 일밖에 모르는데…", "새로운 일을 과연 내가 잘 할 수 있을까?", "이 나이에 무슨 도전이야…."

우리는 다음 장에서 나의 경험과 경력에서 나의 자원을 추출해 이 우려와 걱정에 대해 멋지게 반박할 것이다. 살아온 시간이 긴 만큼 나만의 자원은 너무나 많다. 많은 능력과 스펙을 갖춘 젊은 세대는 감히 꿈도 꿀 수 없는 자원이다. 우리는 멋진 마라톤을 하고 있다. 코스 중간중간에 있는 음수대의 물을 마시는 것처럼 물 한 잔 마시고, 마음을 가다듬고 용기를 내 다시 달려보자.

VI

프로세스 3
의식

의식(意識)의 사전적 의미는 '깨어있는 상태에서
자기 자신이나 사물에 대하여 인식하는 작용'이다.
중요한 것은 '깨어있는 상태'이다.
삶의 주체로서 자신을 의식해야 한다.
또한 어떤 삶을 살고 싶은지 계속 의식해야 한다.
그것은 꿈을 이루기 위한 기준점이 된다.

 왜 의식해야 하는가?

 우리는 '알게 모르게' 판단하고, 말하고, 행동하는 경우가 많다. 여기에서 '알게'는 의식적으로 하는 행동일 것이고, '모르게'는 너무나 익숙하거나 혹은 관심이 부족해 반사적으로 하는 행동일 수 있다.

 먼저 의식의 단계를 알아보자. 인간의 정신상태는 의식 수준에 따라 의식, 잠재의식, 무의식으로 구분된다. '의식'은 인지하고 있는 생각과 느낌의 상태다. 즉 깨어있는 상태를 말한다.

 '잠재의식'은 일상에서 잘 인지하지는 못하지만, 습관과 감정, 기억을 자동으로 처리하는 영역으로, 어린 시절에 형성된 믿음과 습관이 이 영역에 해당하며, 삶에 큰 영향을 미친다. 자전거 타기, 운전 등 반복적인 행동은 모두 잠재의식에서 관리하는데, 이 잠재의식은 행동과 습관을 자동으로 조절하는 매우 중요한 영역이다.

 '무의식'은 잠재의식보다 더 깊은 내면의 영역이다. 본능적인 충동, 깊게 감춰진 감정과 기억, 원형적이고 영적인 에너지를 담고 있다. 무의식은 꿈이나 직관, 갑작스러운 감정이나 영감을 통해 나타난다. 이따금 이해하기 어려운 행동이나 감정의 원인이 되기도 한다.

　잠재의식은 무의식의 신호를 받아들이고, 그것을 행동으로 전환하는 역할을 한다. 무의식에 숨겨진 감정은 잠재의식을 통해 나타나며, 자신도 모르게 특정 행동을 하게 되는 경우가 많다. 즉, 무의식이 동력을 제공하면 잠재의식은 그 동력을 현실에서 행동으로 만든다.

　일반적으로 잠재의식을 관리하는 방법은 긍정적인 말을 자주 하거나 원하는 목표를 상상하는 것, 좋은 습관을 꾸준히 반복하는 것, 그리고 감사하는 것이다. 잠재의식은 필요한 경우 다시 의식할 수 있는 상태로 나타난다. 무의식은 꿈을 기록하고, 의미를 분석하고, 명상을 통해 직관을 경험하고, 억눌린 감정과 내면의 그림자를 이해한다.

　의식하며 살아야 하는 데는 분명한 이유가 있다. 먼저 자신을 이해하는 데 매우 큰 역할을 한다. 의식적으로 자신의 생각과 감정을 살피면, 더 깊은 자기 이해가 가능하다. 이는 자신의 가치관과 목표를 명확하게 만드는 데 도움이 된다. 또한 현명한 선택을 하는 데에도 도움을 준다. 따라서 무의식적으로 결정을 내리는 것보다 의식적으로 숙고한 선택이 더 나은 결과를 가져올 가능성이 크다.

　자신의 행동이 어떤 영향을 미치는지 고려하면 더 책임 있는 결정을 내릴 수 있다. 이를 통해 관계 개선에도 도움이 된다. 타인의 감정과 입장을 더 잘 이해하려면 의식적인 공감과 소통이 필요한데, 이를 통해 관계를 더욱 돈독히 할 수 있다. 마지막으로 삶의 질을 높인다. 현재에 집중하고 의식적으로 살아가면 행복과 만족감을 높일 수 있다. 무심코 흘려보내는 것보다 순간을 온전히 경험하는 것이 삶의 질을 크게 향상시킨다.

잠재의식을 관리하는 방법 중 긍정성을 활용하는 것이 중요하다. 은퇴 준비와 관련해서는 감사하기를 추천한다. 감사는 단순한 감정이 아니라, 삶을 긍정적으로 변화시키는 강력한 도구다. 많은 연구에 따르면, 감사하는 습관을 가진 사람들은 더 행복하고, 건강하며, 사회적으로도 성공할 가능성이 높다고 한다.

감사의 첫 번째 효과는 심리적 효과다. 감사를 표현하면 뇌의 보상 시스템이 활성화되어 도파민과 세로토닌 같은 행복 호르몬이 증가한다. 이는 긍정적인 정서를 강화하고 스트레스 수준을 낮추는 데 도움을 준다. 신체적 효과도 크다. 감사를 자주 실천하는 사람들은 면역력이 강화되고, 수면의 질이 향상되며, 심장 건강이 개선되는 경향이 있다. 사회적 효과도 훌륭하다. 감사하는 태도를 가진 사람은 더 좋은 인간관계를 형성하고, 주변 사람들과의 유대감이 강해진다. 이는 팀워크를 강화하고 조직 내에서 신뢰와 소속감을 높이는 데도 기여하게 된다.

사소한 것에라도 감사가 습관이 되어야 한다. 다양한 방법이 있는데, 먼저 매일 감사한 일 10개 쓰기, 주변 사람에게 감사 표현하기, 하루 5분 정도 감사한 일을 떠올리며 감사 명상하기는 어렵지 않게 할 수 있는 방법이다. 필자는 이것을 꾸준히 하고 있는데 생각보다 효과가 매우 크다. 페이스북 프로필의 대표 문구가 '감사가 삶을 바꾼다'이다.

　감사가 익숙하지 않아 쉽지 않다면, 감사와 같은 긍정에 뿌리를 두고 있는 '다행이다'를 추천한다. 얼마 전 식사를 하고 나왔는데 식당 입구에 있는 우산꽂이에 잘 꽂아둔 우산이 없어졌다. 아무리 찾아도 없었다. 먼저 식사한 사람이 나가며 자기 우산으로 착각하고 가져간 것이 분명했다. 워낙 아끼던 애착 우산인데 찾을 가능성은 거의 없다는 생각이 들었다. 속이 상했지만 이렇게 말했다. "우산이 고장 나 버리지 않고, 누군가에게 도움이 될 수 있으니 다행이네."

　왜 속상하지 않겠는가? 하지만 어차피 되찾는 것은 거의 불가능했다. 그래서 그 사람이 잘 쓰길 바란다는 긍정 언어로 말하고 나니 마음도 한결 편해졌다. 하루 종일 툴툴거렸다면 불편한 계속 부정적인 감정에 휘둘렸을 것이다. "사용하지 않는 다른 우산도 써볼 수 있으니, 그것도 다행이네." 긍정이 또 다른 긍정을 부른다. 여기에서 '다행이다'를 '감사하다'로 바꾸면 감사가 된다.

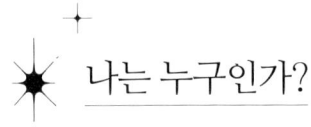
나는 누구인가?

　강의 때 이 질문을 한다. "내가 누구인지, 자신을 잘 알고 있나요?" 이 질문에 "나만큼 나를 잘 아는 사람이 어디 있냐?"고 반문한다. '내가 나를 가장 잘 안다.'라는 것은 맞는 말이다. 오랜 세월 동안 많은 것을 경험한 사람이 자신이니 분명히 맞는 말이다. 그런데 진짜 그럴까?

　햇살에 빛나는 윤슬을 보며 깨끗하다고 생각하는 바다는 바다의 수면일 뿐이다. 수면 밑에 물고기의 사체와 온갖 폐기물을 본다면 그 바다를 깨끗하다고 할 수 있을까? 수면 밑을 제대로 알아야 제대로 이해하는 것이다.

　코칭에서는 모든 사람을 독특하고 특별한 존재(Being)로 본다. 일반적으로 이해하고 있는 자신은 수면 위의 자신이다. 코칭을 하며 하는 강력한 질문은 '존재'에 관한 질문이다. 예를 들어 건강 때문에 운동을 반드시 해야 한다는 것을 알면서도 미루는 사람에게 "왜 안 하나요?"라고 이유를 묻는 대신 "하겠다고 하면서도 하지 않는 당신은 어떤 사람인가요?"라고 질문한다. 인식의 핵심을 운동이라는 행동(Doing)에서 실행하지 않는 존재(Being)로 이동시킴으로써 자신을 성찰하게 하는 것이다.

이렇게 행동(Doing)를 묻는 것보다 존재(Being)에 대한 질문이 훨씬 강력하다. 질문을 통해 자신(Being)을 성찰하게 하고 나면 자발적인 행동(Doing)으로 이어진다. 성과가 떨어지는 직원을 혼내고 다그치는 것보다 그 직원이 그 일을 왜 해야 하는지에 대한 의미(Being)를 인식하게 하는 것이 훨씬 효과적이다. 스스로 인식하고 나면 훨씬 더 자발적이고 적극적으로 일하기(Doing) 때문이다.

나의 존재(Being)를 인식하고, 객관화해야 한다. 그렇게 만난 자신은 진아(眞我)이다. 앞에서 얘기했듯, 감정에 쉽게 휘둘리는 인간은 감정으로 본질(Being)을 덮는 경우가 허다하다. 게다가 자신의 단점이나 부족한 점을 합리화하고, 되고 싶은 모습을 자신으로 착각하게 만든다. 그렇게 만든 자아가 수면 위로 드러나는 자아인 경우가 많다.

'인생은 무엇인가?'라는 질문만큼 '나는 누구인가?'도 무척이나 어려운 질문이다. 인생의 반을 살면서도 단 한 번도 생각해 보지 않은 질문일 수 있고, 경험상 이런 질문이 무슨 의미가 있는지 모르는 이들이 많다. 그런데, 이제는 이 질문에 스스로 고민해 봐야 하지 않겠는가?

자신이 누구인지 찾는 방법은 여러 가지가 있다. 첫 번째는 일기나 명상을 통해 자신을 돌아보는 시간을 갖는 것이다. 과거의 경험, 가치관, 목표 등을 되짚어 보는 것이다. 일기를 쓰다 보면 처음에는 쉽지 않지만, 하루의 팩트를 기록하며, 그때 느낀 자신의 팩트에서 비롯된 감정과 자신이 원하는 것까지 솔직하게 적는 것이다. 생각의 깊어지고, 성찰도 커진다. 또한 고요한 공간에서 눈을 감고 숨에 집중하는 명상은 생각보다 효과가 정말 크다. 세계적인 CEO와 명사들이 빼놓지 않고 매일 명상을 반드시 하는 분명한 이유가 있다.

두 번째는 타인에게 자신의 모습을 물어보는 것이다. 어떤 상황에서 표정이 어떻게 변하는지, 말의 속도나 양이 변화하는지 등을 통해 어떤 사람처럼 보였는지 묻는 것이다. 가까운 사람일수록 그리고 솔직한 사람일수록 좋다. 이들의 말을 통해 자신을 객관적으로 만날 수 있다.

예를 들어 자기가 관심이 있는 분야가 나오면 신나서 적극적으로 참여하는 반면, 그렇지 않은 경우에는 아예 입을 다문다 치자. 이런 모습은 스스로 느낄 수도 있지만, 의외로 모르는 경우도 많다. 친한 지인에게 자신의 모습을 물어보면 과거의 사례를 들며 과도하게 자기중심적인 사람이라고 말할 것이다. 그것은 타인에 관심이 없고, 나이가 들수록 사회적 관계가 줄어들 수 있다는 의미이기도 하다. 이렇게 타인의 생각을 빌어 자신의 모습을 보는 것은 자신을 객관적으로 만날 수 있는 방법 중 하나다.

세 번째는 새로운 경험을 하는 것이다. 살아온 시간이 많다는 것은 갈수록 정해진 틀에서 크게 벗어나지 않은 삶을 살고 있다는 뜻이다, 그러니 기존 것은 더욱 익숙하고, 새것은 더욱 낯설다. 익숙한 환경이 아닌 전혀 다른 환경에서 반응하는 자신은 자신의 숨겨진 모습일 수 있다.

어느 날 모르는 번호로 전화가 왔다. 한 1년 반 정도 전에 강의를 들었던 수강생이라고 했다. 독일에서 유학 후 한국에서 평생 엔지니어로 근무했던 그는 고등학교 이후로 한자에 대한 관심은 전혀 없었다고 했다. 한자를 쓰는 사람을 보면 잘난 척하는, 고리타분한 사람으로 생각했었다고 했다. 그래서 새로운 경험으로 한자를 떠올렸다고 했다. 그 이후로 한자 공부를 하다 보니 한문 공부까지 하게 되었다고 했다. 참고로 한자는 개별 글자이고, 한문은 한자를 조합해 만든 문장이다.

그는 고향 집에서 중고등학교 때 쓰던 한문 교과서를 우연히 발견하게 되었고, 그 내용을 다시 보며 점차 한문의 매력에 빠져 다양한 한문 서적을 찾아 읽다 이제는 전국의 사찰과 유적지를 찾아다니며 한문을 보는 게 큰 즐거움이 되었다고 했다.

그래서 어떤 변화가 있는지 묻자, 그는 편견이 없어졌다고 했다. 그 말은 곧 그 전까지는 사람을 편견으로 대했다는 뜻이다. 그리고 한문 안에 정말 놀라운 철학과 깨달음이 있다는 것도 발견했다고 했다. 나이가 들며, 한문 안에 있는 철학이 깊게 공감되고, 어떻게 살아야 할지 진지하게 생각하게 되었다고 했다.

그는 손주가 다니는 유치원에서 한자를 가르친다고 했다. 수업 시작과 끝의 인사를 한자로 하는데, 자신이 "막역"이라고 하면 아이들은 "지우"라고 인사한다는 것이었다. 서로 거슬림이 없는 친구, 즉 마음이 잘 맞아 다툼 없이 지내는 절친한 사이를 뜻하는 莫逆之友(막역지우)에서 차용했는데, 인사가 끝나면 "무슨 뜻이죠?"라고 물으면, 아이들은 "친구들과 싸우지 말고 친하게 지내요."라고 한다고 했다.

네 번째는 검증된 다양한 진단 툴을 활용하는 것이다. 툴은, 검증된 만큼 정확도와 객관성이 높은 편이다. 때로는 결과가 자신이 생각했던 모습이 아니라 신뢰하기 어렵다는 생각이 들 수도 있다. 그 이유는, 자신에 대한 생각은 수면 위에 자신에 머물러 있기 때문인 경우가 많다.

예를 들어 갤럽(Gallup)에서 만든 '갤럽 강점(CliftonStrengths)'을 강의할 때 진단 후 바로 볼 수 있는 개인별 강점 보고서에 자신을 잘 표현한 문장에 밑줄을 치라고 한다. 대부분 끄덕끄덕하며 자신을 잘 분석했다고 한다. 그런데 어떤 이들은 그 반대의 경우도 있다. 자신을 제대로 표현하지 않았다는 것이다. 이 경우 동료에게 리포트를 돌려가며 읽게 하고, 그 사람에 대한 설명이 맞는 부분에 밑줄을 치라고 하면 거의 모든 내용에 밑줄을 친다. 자신이 전혀 생각하지 못했던 자신에 대해 비교적 객관적인 자신을 만나는 순간이다. 수면 위를 넘어 수면 밑의 자신을 만나게 되는 것이다.

물론 여전히 자신을 정확히 안다는 것은 불가능하다. 자신을 정의하는 것 역시 그렇다. 하지만 이런 방법을 통해 자신이 누구인지 보다 정확히 인식할 수 있다. 자신이 누구인지 알면 자신이 인생 2막에서 진정한 주인공으로, 꿈꾸던 삶을 보다 효과적으로 만들 수 있는 출발점이 된다. 하나뿐인 인생, 그렇게 나답게 살아야 하지 않겠는가?

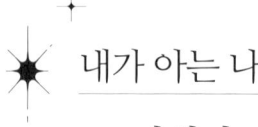
내가 아는 나,
타인이 아는 나

　타인의 시선을 빌어 자신이 어떤 사람인지 알아보는 것을 조금 더 생각해 보자. 살아가며 "너답지 않게 왜 그래?"라거나 "너답다."라는 말을 듣곤 한다. 이것은 타인이 보는 자신의 모습이다. 그 안에는 자신을 보는 타인의 생각이 담겨 있다. 그런데 이따금 '답다.' 혹은 '답지 않다.'라는 말을 수용하기가 어려운 때도 있다. 그것은 자신을 가운데 두고 자신을 바라보는 자신의 생각과 자신을 바라보는 타인의 생각이 다른 것이다. 이 간극을 줄이면 자신의 성격을 조금 더 구체적으로 알 수 있다.

　그리스 철학자 아리스토텔레스(Aristotle)가 한 '인간은 사회적 동물이다.'라는 말은 너무나 유명하다. 오스트리아의 정신과 의사이자 심리학자인 아들러(Alfred Adler)는 '인간은 본질적으로 사회적 존재이고 인간의 행동은 사회적 맥락 속에서 이해된다.'라고 말했다. 수많은 학자와 전문가들의 이야기처럼 사람은 누구나 수동적이든 능동적이든, 각자 정도의 차이가 있을 뿐 태어나서 죽는 그

날까지 타인과 끊임없는 관계 속에서 살아가는 존재다.

'내가 아는 나'와 '타인이 아는 나'의 차이를 보는 툴 가운데 '조하리의 창(Johari Window)'은 쉽고 편하다. 조하리의 창은 개인이 자신과 타인을 어떻게 인식하는지를 이해하는 데 도움을 주는 심리학 모델이다. 이 모델은 미국의 심리학자 조셉 루프트(Joseph Luft)와 해리 잉햄(Harrington Ingham)이 개발했는데, 자기 인식과 대인 관계를 이해하는 데 매우 유용한 도구로, 심리학뿐 아니라 조직 개발, 커뮤니케이션 훈련 등 다양한 분야에서 활용되고 있다.

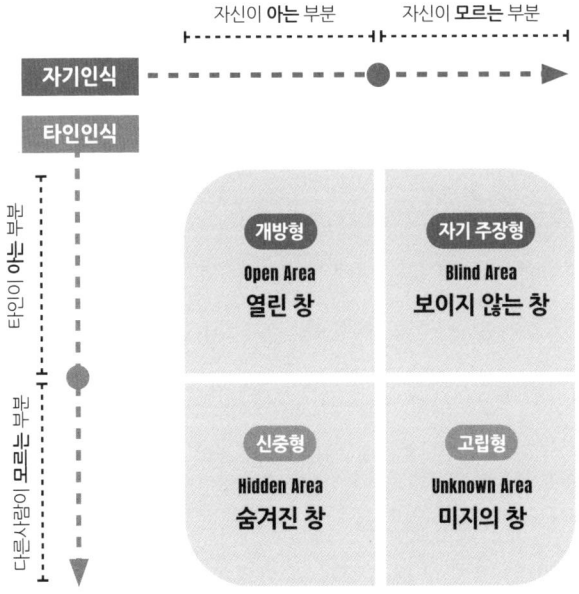

'열린 창(Open Area)'은 나도 알고, 타인도 아는 부분이다. 이 영역이 넓어질수록 의사소통이 원활해지고 신뢰가 형성된다. 예를 들면, 자신의 비전, 목표, 철학, 가치관 등을 적극적으로 알린 내용이다. 이 영역의 특성은 투명성과 적극성이다.

'눈먼 영역(Blind Area)'은 타인은 알지만, 나는 모르는 부분이다. 내가 몰랐던 나의 모습을 알게 되고 이를 받아들이는 수용하는 과정을 통해 보완하고 개선한다면 나 자신뿐만 아니라 관계 속에서도 성장해 열린 영역으로 확대될 수 있다. 그렇게 되기 위해서는 피드백에 대한 적극성과 열린 마인드, 그리고 변화를 위한 노력이 중요하다.

'숨겨진 창(Hidden Area)'은 나는 알지만, 타인은 모르는 부분이다, 자신만의 은밀하고 사적인 영역이다. 사회생활을 하면 할수록 우리는 크건 작건 자기만의 사회적 마스크(social mask)를 쓰고 관계를 맺는다. 매우 예민한 비밀이나 아픔 혹은 욕망 등이 아니라면 이 영역을 조금씩 타인에게 표현하고 나누게 될 때 서로에 대한 이해의 폭이 넓어지고 관계도 깊어질 수 있다.

'미지의 창(Unknown Area)'은 나도 모르고, 타인도 모르는 부분이다. 이 부분은 무의식의 영역으로 어린 시절의 경험이나 트라우마 등이 속한다. 이 영역이 넓은 사람일수록 자기중심적이면서도 자존감이 낮고 공감 능력이 부족해 관계의 어려움을 많이 경험하게 된다. 따라서 자신의 생각을 잘 표현하려 하지 않고, 타인의 피드백도 수용하지 않는 경우가 많다. 대체적으로 고립되어 있거나 삶에 대한 태도가 부정적일 수 있고, 경우에 따라 심리적인 문제가 많을 수 있기 때문에 이 영역이 넓다면 전문가의 도움이 필요할 수도 있다.

지면이라는 특성상 직접 해볼 수는 없지만, 이미 이 툴을 경험해 본 사람이라면 효과를 잘 알 수 있을 것이다. 강의를 통해 이 툴을 진행하는데, 결과를 보고 하나같이 자신과 주변인의 생각과 시각을 통해 본 자신은 지금까지 생각했던 자신과 많은 차이가 있다는 것을 발견했다고 한다. 즉, 자신을 더욱 명확히 알게 되었다는 것이다. 그리고 이 결과를 바탕으로 한 교육을 통해 은퇴 후의 삶에서 자신이 어떤 삶을 살아야 할지 깨달았다고 한다.

성공 경험 속
다섯 가지 자원 찾기

"당신은 어떤 자원을 가지고 있나요?" 대부분 자신이 보유한 부동산과 동산 등 금융 자산을 얘기한다. 자원의 사전적 의미는 '인간 생활 및 경제 생산에 이용되는 원료로서의 광물, 산림, 수산물 따위를 통틀어 이르는 말' '인간 생활 및 경제 생산에 이용되는 노동력이나 기술 따위를 통틀어 이르는 말'이다.

은퇴 후 원하는 삶을 준비하는 이들에게 자원은 '자신이 원하는 삶을 현실로 만들기 위해 필요한 역량'일 것이다. 여기에는 금융 자산은 물론, 이것을 계속해서 만들어 내는 혹은 잘 유지하는 능력, 그리고 무엇보다 자신이 원하는 삶을 현실로 만들기 위한 가장 기본이 되는 토대를 의미한다..

현실로 돌아가 보자. 은퇴를 눈앞에 두고 가장 많이 하는 말이 "할 줄 아는 게 없는데…."이다. 정말 없을까? "평생 한 일만 해서 그것밖에 모르는데…." 과연 그럴까? 이런 걱정과 우려는 생각의 시선이 수면 위에만 머물러 있기 때문이다. 지금까지 열심히 살아온 당신에게는 현재 인식하지는 못하고 있는, 다른 사람에게는 없는 많은 자원을 가지고 있다. 다만 퇴직 후의 삶을 앞에 두고 불안한 심리 때문에, 평생 몇몇 분야에서만 일했고 은퇴 후에는 전혀 다른 일을 해야 한다는 생각 때문에 그걸 못 보는 것이다. 당신은 지금까지 많은 성공 사례를 만들었다. 문제는 생각의 시선이 결과에만 머물러 있다는 것이다. 그래서 그 결과를 만든 과정, 그 안에 담긴 자원을 못 보는 것이다. 자, 당신의 지난 삶을 통해 수면 밑에 있는 자원이라는 보물을 발굴해 보자.

필자의 예를 들겠다. 20여 년 동안 잡지사에서 근무하며 많은 자사 발행 잡지를 만들었다. 그중 마지막 7년 정도는 기업의 사보, 사외보 등의 기업 출판 제작을 대행했다. 자사 발행 잡지의 경우 주된 매출은 광고 매출이다. 잡지에 광고 페이지가 많다면, 일단 매출이 높다고 볼 수 있다. 물론 완전히 비례하는 것은 아니다. 광고 중에는 추후에 광고 수주를 목적으로 무료로 광고를 해주는 경우도 있고, 지금은 거의 없어졌지만 독자에게 줄 선물을 대금 지급 대신 광고로 대신하는 경우도 있다. 또한 기사 역시 위의 목적과 비슷한 예로 진행되거나, 광고 대신 돈을 받고 기사처럼 만드는 경우도 있다.

하지만 사보, 사외보 등 출판 대행을 하는 경우는 다르다. 광고 매출이 없는 경우가 대부분으로, 계약 기간 동안 발행 횟수, 회당 발행 부수, 지면 수 등을 포함한 다양한 조건을 기준으로 매출이 정해진다. 자사 발행 잡지는 광고부 직원이 광고주 등을 계속해서 만나며 수주하기 때문에 매출에 변동이 있는 반면, 기업 출판 대행은 비딩을 통해 수주를 해야 하는 경우가 대부분으로, 특별한 경우가 아니라면 계약 기간 동안에는 거의 동일한 매출이 생긴다.

나의 경험인 기업 출판 대행의 예로 '자원'에 대해 설명하겠다. 앞에서 얘기했던 대로, 일을 수주하기 위해서는 비딩을 해야 한다. 자원은 목적을 이루기 위한 능력이라는 의미에서 역량으로 표현될 수 있다. 역량에는 여러 종류가 있는데, '핵심 역량' '보조 역량' '의도적 준비 역량' '관계 역량' '의도적 배제 역량'으로 나눠보면 이해와 자원 추출이 편하다.

일반적으로 **핵심 역량**(Core Competence)'은 기업이나 개인이 경쟁에서 우위를 확보하기 위해 가지고 있는 가장 중요한 능력을 뜻한다. 쉽게 말하면, 한 기업이 정말 잘하고 있기 때문에 다른 기업이 쉽게 흉내 낼 수 없는 역량으로, 주로 기업이 가지고 있는 첨단 기술이나 지식, 디자인 등을 말하기도 한다. 이 역량을 이용한 경영기법이 핵심 역량 경영이다. 개인도 마찬가지다. 오랜 직장 생활을 하면서 자기만의 핵심 역량을 만들어왔다. 그 핵심 역량이 무엇인지 먼저 파악해야 한다.

조건만 충족되면 참여할 수 있는 공공기관 입찰과 달리 민간 기업의 경우에는 나름 쟁쟁한 실력을 가진 회사들이 참여하는 경우가 많다. 그만큼 책을 만드는 능력에서 차별성을 보이기는 쉽지 않다. 하지만 여기에서도 분명 차별성은 나타난다.

일단 콘텐츠 기획력이다. 정기간행물의 경우 한 해 동안 어떤 테마로, 어떻게 구성할 지에 따라 확연한 차이가 난다. 여기에는 고객사의 니즈가 자연스럽게 담겨야 한다. 그 다음은 디자인이다. 제안서의 표지와 본문의 일부를 샘플로 디자인한 파일을 만든다. 때로는 가제본으로 만들어 제출하는데 여기에서도 큰 차이가 난다.

한 발짝 뒤로 물러나 내가 꼽은 첫 번째 핵심 역량은 고객사에 대한 정확한 이해와 표현 방법이다. 자사 발행 잡지와 달리 기업 출판물은 기업의 고객이라는, 타깃 고객이 비교적 확실하다. 타깃 고객의 눈높이, 말 높이, 가슴 높이에 맞춰 콘텐츠를 기획하고, 촬영하고, 디자인해야 한다. 이것은 기본 중 기본이다.

기업이 출판물을 만드는 목적은 분명하다. 고객사가 고객에게 전달하기 원하는 메시지를 기업의 톤&매너에 맞게 맞춰야 한다. 당시 많은 기업 출판물의 콘텐츠는 거의 고객사가 고객에게 하고 싶은 이야기로만 구성이 되어 있었다. 즉 일방적인 메시지 전달이었다. 그래서 표현 방식에 있어 무게 중심을 고객으로 옮겼다. 다시 말해 고객이 듣고 싶은 말을 기업 입장에서 하는 것으로 기획했다. 이런 생각의 전환은 심사위원이 무릎을 치는 결과를 만들었다.

두 번째 핵심 역량은 본질을 꿰뚫는 것이다. 쉽게 말해 업무의 상위 개념을 보는 것이다. 우리나라의 대표적인 한 최고급 대형 요양시설의 소식지 비딩에서 내가 제시한 것은 단순한 소식지 제작을 넘어, 시니어를 위한 최고 시설이 아닌 우리나라를 대표하는 시니어 브랜드가 되어야 한다는 것이었다.

시설이 아닌 브랜드는 한 차원 높은, 상위 개념이다. 당시 요양시설은 시설과 서비스만 강조하는 수준이었다. 그래서 해당 분야의 톱 브랜드가 되기 위해서는 고객사의 높은 지명도에서 나아가 시니어를 위한 인증 제도를 만들어야 한다고 했다.

이를 위해 변화하는 시니어의 특성과 그들의 니즈, 일본 요양원 사례를 들어 브랜딩과 마케팅 관점에서 설명했다. 그리고 아울러 그것을 이루기 위해 소식지가 어떤 역할을 해야 하는지 설명했고, 그에 맞는 콘텐츠와 디자인, 사진을 설명했다.

비딩을 위한 프레젠테이션을 경험해 본 사람은 알겠지만, 발표 후 질의응답 시간에는 심사위원으로부터 공격적인 질문을 받는 경우가 대부분이다. 그런데 발표 후에 심사위원 모두에게 큰 박수를 받았다. 이런 경우는 거의 없다. 앞에서 얘기했던 더 큰 목표를 위한 큰 그림을 제시해 심사위원의 마음을 얻었고, 소식지의 역할과 내용도 이 목표를 이루기 위한 전략의 일환으로 설명해 큰 호응을 얻었기 때문이었다. 심사위원 중 한 명으로 참석한 대표이사는 회사가 나아가야 할 방향을 제대로 짚어줬다는 소감까지 말했다. 결과는 당연히 현격히 큰 점수 차이의 수주였다.

세 번째는 프레젠테이션 역량이다. 아무리 책을 잘 만드는 능력이 있다고 하더라도 수주에 실패하면 허사다. 그래서 프레젠테이션 능력이 중요하다. 시중에 있는, 기대 이하의 많은 기업 출판물을 보며 개인적으로 먼저 드는 생각은, 제작사가 현란한 프레젠테이션 스킬만 가진 회사가 아닐까 하는 의구심이었다. 거꾸로 생각하면, 그만큼 프레젠테이션 스킬이 중요하다는 얘기이기도 하다.

여러 번의 뼈아픈 실패를 경험하며 프레젠테이션 스킬도 향상시킬 수 있었다. 전혀 경험이 없었던 초기, 단순히 프로세스만 설명하는 것과는 달리 스토리 전개로 심사위원의 마음을 잡게 되었고, 전개 방식도 전략적으로 바뀌었다. 제안서에 사진 외에 영상을 넣기도 했으며, 일방적 설명을 넘어 심사위원에게 질문도 했다. 그렇게 공감을 사고, 몰입도를 높이는 역량을 갖출 수 있었다.

보조 역량(Supporting Competency)은 핵심 역량에 힘을 보탤 수 있는 역량이다. 단독으로는 큰 경쟁력을 갖추지 못할 수 있지만, 핵심 역량과 결합될 때 더 큰 성과를 발휘할 수 있다.

기업 출판물의 역할은 고객을 대상으로 하는 소통이고, 본질은 마케팅이다. 상품을 잘 만드는 것도 중요하지만, 판매되지 않는 상품은 무용지물이다. 반대로, 상품이 좋지 않더라도 포장(마케팅)을 잘해 잘 팔리는 사례는 어렵지 않게 찾을 수 있다.

 SNS 초창기였던 당시, 종이로 제작되는 소식지 등 정기간행물과 온라인 채널은 별개의 콘셉트로 제작되는 경우가 많았다. 몇몇 기업의 홍보 담당자를 만나면, '경쟁사가 온라인 채널을 운영하니, 하지 않으면 안 될 것 같아 한다'는 말을 종종 들을 수 있었다. 물론 종이 매체와 온라인 매체는 매체 성격에 맞게 차별화하는 게 맞다. 하지만 한 기업에서 제작되는 소통 채널은 한 목소리가 되어야 일관된 메시지를 강력하게 전달할 수 있다.

 그래서 브랜드, 마케팅과 관련된 내용을 공부했다. 이 분야는 나의 본업은 아니지만, 넓게 보면 본업에 힘을 더할 수 있다는 생각 때문이었다. 그리고 깊은 지식은 없지만 제안서에 접목했다. 프레젠테이션의 본질을 보면, 제안서는 내가 만든 상품이고, 제안서의 콘텐츠와 프레젠테이션은 그것을 판매하기 위해 마케팅이었다. 이렇게 생각하니 부담은 줄어들고, 표현 방식도 달라졌다.

 실제로 종이 매체 비딩에서 온·오프 통합 마케팅을 제안해 추가로 온라인 콘텐츠까지 수주하기도 했다. 경쟁사와 달리 내부에 디지털팀이 있었다는 점, 그리고 오프라인 콘텐츠를 온라인 채널에 맞게 각색함으로써 비용도 줄이고, 소통의 효율성도 높일 수 있다는 점에서 경쟁력을 가질 수 있었다.

의도적 준비 역량(Intentional Preparation Competency)은 목표를 효과적으로 달성하기 위해 사전에 체계적으로 준비하는 능력을 의미한다. 이는 단순한 계획을 넘어, 전략적 사고와 실행력을 포함하는 개념이다.

기업 출판 대행 부서를 새로 만든 초기, 비딩에서 자주 떨어졌다. 부서를 운영해야 하는 부서장으로서 면목도 없었지만, 자신에게 화가 났다. 재무 담당자는 신설 부서가 1년에 흑자를 만든다는 것은 말도 안 된다며 위로했지만, 묘하게 오기로 작용했다. 그래서 본질부터 다시 살폈다.

처음 한 것이 출판 대행 제작 프로세스를 정리하고 업무별 담당자를 정하는 것이었다. 대략적인 프로세스는 입찰 정보 검색, RFP(request for proposal, 제안 요청서) 분석, 사업성 분석, 제안서 기획, 콘텐츠 기획과 디자인 시안 제작, 프레젠테이션, 입찰 결과 원인 분석이었다.

'입찰 정보'의 경우 대부분의 정부 과업은 정해진 온라인 사이트 한 곳에서 볼 수 있지만, 민간 기업 등은 개별로 하기 때문에 다른 대응이 필요했다. 그래서 발행되고 있는 소식지를 구해 발행사 담당 직원을 만나 회사 및 부서 소개서를 전달하며, 다음 입찰 때 참여 기회를 달라고 부탁했다. 이 업무는 부서장인 내가 메인이 되었다. 정부 과업의 경우에는 나와 편집팀장이 맡았다.

'RFP 분석'은 과업 내용과 입찰 준비와 관련된 내용이 있어 꼼꼼한 분석이 필요하다. 특히 정부 과업의 경우 양이 매우 많고, 중복된 내용도 많은데 중복된 내용에서도 일부가 달라 꼼꼼한 검토가 필요하다. 이 업무는 나와 편집팀장이 함께 검토하며 핵심 내용을 간략하게 정리했다.

'사업성 분석'은 그 일을 실제로 진행할 경우 어느 정도의 수익이 남는지 확인하는 것이다. 기본적으로 제작비는 제작부를 통해 산출하고 그 결과를 가지고 CFO와 논의해 예상 수익을 만든다. 여기에서 입찰 참여 여부를 결정한다. 이 업무는 내가 담당했다.

'제안서 기획'은 제안서에 들어가는 내용으로, 해당 업무에 대한 이해와 어떻게 만들지에 대한 방향성과 제작 방법을 설명하는 것이다. 고객사에 대한 이해, 해당 업무에 대한 이해, 경쟁사 분석, 트렌드 분석 등이 해당되며 내가 담당했다.

'콘텐츠 기획과 디자인 시안 제작'은 실제로 제작되는 출판물의 콘텐츠와 디자인에 대한 기획이다. 이를 위한 회의에는 편집팀과 디자인팀, 모두가 참여했다. 각자 콘셉트와 기초 자료를 만든 후 회의에서 확정했다. 그리고 내가 A안, B안, C안 등 세 개의 콘셉트를 정했다. 그리고 콘텐츠 제안서 중 편집 부분은 편집팀의 의견을 모아 편집팀장이, 디자인 시안 부분은 디자이너의 의견을 모은 아트디렉터가 담당했다. 전체 총괄은 내가 맡았다.

'프레젠테이션'은 심사위원에게 제안서를 설명하는 것이다. 설명을 잘하는 것도 중요하지만, 그에 못지않게 심사위원의 마음을 사야 하는 커뮤니케이션 스킬도 중요하다. 또 발표 후 질의 응답에도 효과적으로 답하기 위해서는 전체를 꿰차고 있어야 한다. 이것은 내가 담당했고, 경우에 따라 스태프의 전문성을 보여주기 위해 콘텐츠 연간 기획안은 편집팀장에게, 디자인은 아트디렉터에게 맡기기도 했다.

'입찰 결과 원인 분석'은 수주했을 때와 실패했을 때 모두 진행된다. 성공과 실패 모두 어떤 부분에서 큰 점수를 받았고, 어떤 부분에서 낮은 점수를 받았는지 담당자에게 문의해 정리한다. 말하자면, 정답 노트와 오답 노트를 작성하는 것이다. 담당은 내가 했고, 내용을 전체 구성원과 나눠 성공 요인과 실패 요인을 분석해 다음 입찰에 반영했다.

그 결과 수주율은 점차 높아졌고, 2등과 점수 차이도 크게 벌어졌다. 이 과정이 반복되며 제안서를 준비하는 시간도 줄어들고, 효과도 높아지게 되었다. 심지어 경쟁사는 고객사에 우리가 입찰에 참여하는지 문의하고, 참여한다는 말에 입찰을 포기하는 일까지 벌어졌다. 여기서 더 나아가 소식지를 많이 발행하는 보험사, 건설사, 건강기능식 회사, 공공기관 등 분야를 정리해 디자인과 콘텐츠 관련된 데이터베이스를 만들었다.

관계 역량(Relational Competency)은 사람들과 효과적으로 소통하고 협력하는 능력을 의미한다. 이는 개인적인 관계뿐만 아니라 업무나 사회적 환경에서도 중요한 요소다. 관계 역량을 강화하면 보다 의미 있는 인간관계를 형성하고, 협업에서 더 나은 결과를 얻을 수 있다.

　함께 모여 하는 일이므로, 팀워크는 무엇보다 중요하다. 리더의 강력한 카리스마도 구성원의 지지가 없으면 혼잣말에 불과하다. 그래서 서로 신뢰하고, 지지하는 관계 구축이 무엇보다 중요하다고 생각했다.

　일반적으로 출판 대행 부서는 편집장 밑에 편집팀과 디자인팀으로 구성된다. 부서를 만든 후 얼마 지나지 않아 디지털 인력으로 디지털팀을 만들었다. 당시 디지털팀까지 있는 부서는 경쟁사를 통틀어 유일했던 것으로 안다. 이렇게 세 개의 팀으로 구성되었다.

　각 팀장은 현업 외에 갖춰야 할 것이 책임감이다. 책임감은 팀장에게 말로만 책임감을 가져야 한다는 것으로는 부족하다고 생각했다. 그래서 세 명의 팀장을 불러 권한 위임을 할 것이며, 그만큼 세 명의 팀장을 신뢰할 것이라고 했다. 그리고 부서원 전원 앞에서 각 팀장에게 강력한 권한 위임을 할 것이며, 설사 팀장이 나에게 거짓말하는 것을 알더라도 믿을 것이라고 했다. 팀장들을 따로 만났을 때도, 부서원 전체가 모였을 때도 책임감을 가져야 한다는 애기는 하지 않았다. 그리고 나는 각 팀장에게 인정과 칭찬, 감사를 진심으로 전하는 데 노력했다.

거짓말하는 것을 알더라도 믿겠다는 말은, 팀장 각자가 책임감을 갖게 하는 강력한 동기부여가 되었다. 팀장들은 자신의 팀이 하는 일에 누구보다 열심히 했고, 심지어 팀간 협업도 먼저 제안했다. 종이 매체를 발행하는 편집팀장은 온라인 매체 발행을 함께 제안하자고 했고, 디지털팀장도 마찬가지로 온라인 매체를 발행에 고객사에게 종이 매체 발행을 제안했다. 그리고 각 팀장이 머리를 모아 종이 매체와 온라인 매체의 특성을 유지하며 병행 발행의 효과를 기획했다. 편집팀장과 디지털팀장은 스스로 상대 팀의 매출과 비교해 낮은 경우 매출을 높이기 위한 방법까지 강구했다. 정말 너무나 놀라웠고, 감사했다. 편집장 겸 임원으로 승진한 후에는 새롭게 맡게 된 부서와의 협업 아이디어까지 냈다.

시간을 거슬러 올라가 출판 대행 부서를 만들기 전, 자사 발행 잡지 편집장으로 근무하면서도 관계가 얼마나 중요한지 절감했었다. 보통 화보 촬영을 할 경우, 모델은 가장 먼저 헤어와 메이크업을 먼저 한 후에 준비한 의상을 입는다. 그런데 한 번은 메이크업 아티스트가 개인 사정으로 갑자기 현장에 못 오는 상황이 벌어졌다.

이런 경우 대안을 찾는 것은 거의 불가능하다. 나름 지명도가 있는 전문가인데 소위 '땜빵'은 부탁하는 사람도 예의가 아니며, 부탁을 받은 사람도 이런 저런 이유로 고사하게 마련이다. 그런데 거절당할 것을 알면서도 급한 대로 친분이 있던 모 뷰티숍 원장에게 자초지종을 설명하며 간곡하게 부탁했다. 그는 호기롭게 웃으며 "땜빵 잘해드릴게요!"라며 답을 하는 게 아닌가. 예전에 내가 작은 도움을 준 적이 있었는데, 그는 그 덕에 굉장히 큰 도움을 받았다고 했다. 그 덕에 한숨 돌리게 되었지만, 관계의 중요성을 크게 실감하는 계기가 되기도 했다.

사진가의 경우에도 패션 사진, 인물 사진, 제품 사진 등 각 분야에서 탁월한 실력을 가진 사진가들이 있다. 이들은 다른 매체에서도 탐을 내기 때문에 좋은 관계를 유지하는 게 필요하다. 패션, 소품 등 스타일리스트도 마찬가지이며, 외주 필자도 마찬가지다.

의도적 배제 역량(Intentional Exclusion Competency)은 목표를 달성하기 위해 불필요하거나 방해가 되는 요소를 전략적으로 제거하는 능력을 의미한다. 이는 단순히 무언가를 제외하는 것이 아니라, 집중력과 효율성을 극대화하기 위한 선택적인 배제 과정이다. 다시 말해 해당 업무에 필요하지 않거나 포함시키면 안 되는 역량이다. 물론 자신의 단점도 포함된다.

기업 출판 대행 부서를 새로 만든 후, 솔직히 프레젠테이션은 걱정을 넘어 때로는 두려움이기도 했다. 번번이 실패하자 자신감은 점점 바닥으로 향했기 때문이다. 하향 곡선을 상향 곡선으로 만든 게 앞에서 말한 '입찰 결과 원인 분석'이었다. 지금도 생생하다. 모 기업 비딩에 참여한 후 실패 원인을 알아보기 위해 담당자가 전화하자 그는 "상처받지 마세요."라는 말로 시작했다. 그의 말을 정리하면, 덜어내지 못한 것이 원인이었다. 더 자세히, 더 친절히 보여주고 설명해야 더 전문적으로 보이고, 더 큰 신뢰를 얻을 것이라는 생각은, 한마디로 나의 과한 욕심이었다.

정해진 시간에 발표를 마쳐야 하는데, 욕심이 과하다 보니 제안서의 양이 많아져 집중력을 떨어뜨리고, 말이 빨라져 전달력도 떨어진 것이다. 상처를 받지 않기 위해 노력했지만. 얼굴이 빨개지는 건 어쩔 수 없었다. 하지만 그의 솔직한 피드백이 너무나 고마웠다. 그날 밤 직원들이 퇴근하기를 기다렸다가 밤 11시 즈음에 발표했던 자료를 핵심만 다시 추려 재구성했다. 그리고 타이머를 맞추고, 그 내용을 바탕으로 다시 발표해봤다. 집중도도 전달력도 훨씬 좋아지는 걸 자정 넘어, 심야에 깊게 실감할 수 있었다. 수주에 실패했지만, 미래를 위한 더 큰 수주를 한 것이었다.

아래 표는 성공 경험을 바탕으로 다섯 개 역량을 분석해 보는 것이다. 각 칸은 문장으로 작성하는 것보다 짧은 문장 혹은 단어로 작성하는 게 좋다. 성공 경험 사례는 대표적인 것으로 선정하되 최소한 다섯 개를 작성한다. 많으면 더 좋다. 그리고 각 성공 경험 사레를 다섯 가지 역량으로 정리한다.

여기까지 완성한 후에는 각 역량별 내용을 살펴보고, 공통되는 내용을 각 역량 공통란에 작성한다. 이때 단어만 나열하지 않고, 공통 역량을 자신에게 대입해 문장으로 작성한다. 예를 들면, '나는 시대의 흐름을 나만의 생각대로 정리해 설득하는 핵심 역량이 있다.', '나는 나의 부족한 점을 무리해서 채우기 보다는 전문가에게 묻거나 협업을 요청해 나의 역량을 채우는 보조 역량을 가지고 있다.', '나는 상대의 말을 끝까지 듣지 않고, 나의 의견을 말하는 것을 자제하는 의도적 배제 역량이 필요하다.' 식으로 작성한다. 의도적 배제 역량의 경우, '나쁜 습관이 있다'라는 부정적 표현보다 '배제하기 위해 노력한다'라는 긍정적인 표현이 바람직하다.

성공 사례에서 자원 찾기

성공 경험 사례	핵심 역량	보조 역량	의도적 준비 역량	관계 역량	의도적 배제 역량

필수 역량 공통	
보조 역량 공통	
의도적 준비 역량 공통	
관계 역량 공통	
의도적 배제 역량 공통	

과거의 성공 경험을 다섯 개의 역량으로 분석해 작성하는 것은 생각보다 많은 시간이 걸렸을 것이다. 그런데 작성해 보니 어떤 생각이 드는가? 우리는 흔히 결과에만 집중하고 그 안에 담긴 과정을 간과하는 경우가 너무나 많다. 성공과 실패라는 결과에는 그것을 만든 과정이 있게 마련이다.

우리는 스마트폰으로 그날의 뉴스를 본다. 대부분 성과인 결과에 대한 내용이 제목이 된다. 그런데 생각해 보면, 이 결과를 만들기 위한 정말 많은 생각의 과정이 있었다. 다시 말하면 성공은 결과만 보면 안 된다. 성공을 벤치마킹하려면 어떤 과정을 거쳤는지, 그 안에는 어떤 자원이 있었는지 아는 게 반드시 병행되어야 한다.

 ## 난파선에서 숨은 보물찾기

　많은 사람들은 성공 사례에서만 자신의 자원을 찾으려는 경향이 있다. 그런데 생각해 보자. 지금까지 오랜 시간 동안 많은 일을 겪으며 쌓은 수많은 자원은 성공 경험만 있을까? 꿈꾸는 목표를 이루기 위해서는 반드시 성공 경험에서만 그 자원을 추출해야 할까? 실패를 통해 배운 것은 없을까?

　결코 그렇지 않다. 학창 시절 참 많은 시험을 보며 만든 것이 바로 '오답 노트'다. 나의 경우도 그랬다. 큰 시험이든 작은 시험이든 시험을 본 후, 그리고 문제 풀이집을 푼 후에 '전혀 몰랐던 것'과 '정확히 몰랐던 것'을 나눠 오답 노트에 적곤 했다. 나의 경우는 스프링 노트에 과목별로 견출지를 붙여 구분했다. 그리고 왼쪽 페이지에는 전혀 몰랐던 것(새롭게 알게 된 것)을, 오른쪽 페이지에는 정확히 몰랐던 것(정확히 알아야 할 것)을 적었다. 그리고 정확히 이해한 후에 중간 줄을 그었다. 이렇게 정리된 오답 노트는 나만의 보물이 되었고, 시험 바로 직전에는 이 노트를 보았다.

　오답 노트를 기록하고, 관련 내용을 더 공부하며 이해도가 더 높아졌다. 그리고 친구들이 궁금해하는 내용에 대해 설명하기도 했다. 놀라운 것은 설명을 하고 나면 나의 이해도가 더 깊어졌다는 것이다. 성인이 된 후 그것이 메타인지(metacognition)의 효과라는 것을 알 수 있었다.

미국의 발달 심리학자 존 플라벨(John H. Flavell)에 의해 정의된 메타인지는 쉽게 말해 자신이 무엇을 알고 무엇을 모르는지 아는 것, 자신의 생각(인지)에 대해 판단하는 자기 인지 능력을 뜻한다. 다시 말해 메타인지는 알고 있는 것과 알고 있다고 착각하는 것을 인지하는 능력이다.

이를 통해 내가 무엇을 알고 있는지를 확실하게 이해하게 된다. 설명하다 보면 내가 아는 것과 모르는 것의 구분이 명확해지고, 내가 알고 있는 지식 간 인과관계 즉, 원인과 결과의 관계를 그리면서 정리가 된다. 친구에게 설명함으로써 자신에게도 이해를 강화시키는 장점이 있다.

아는 지인은 대학 때 수업을 마치고 집에 오면, 인형에게 그 날 배운 내용을 설명했다고 했다. 이 과정을 통해 자신이 알고 있는 것의 정리은 물론, 알고 있다고 착각하는 내용이 무엇인지 알게 되어 보완할 수 있었다고 한다.

처음 잡지 기차로 근무할 때 S대 출신의 한 선배 책상 앞에는 작은 메모들이 붙어있었다. 자세히 보니 맞춤법 오답 노트였다. 일반적으로 기자들이 원고를 다 쓰면 프린트해서 편집장에게 제출한다. 편집장은 원고를 보며 제목이나 전문, 중간 제목, 본문 등에 수정할 내용을 간략하게 표시해서 다시 기자에게 준다. 그럼 기자는 그 내용을 수정한 후에 다시 프린트 후 맞춤법과 문맥을 점검해 주는 전문 교정교열자에 전달한다. 그럼 교정교열자가 그 원고에 수정할 내용을 표시한 후 담당 기자에게 전달한다.

그 선배의 메모는 그렇게 수정된 표기(오답)를 메모한 것이었다. 다른 선배와 달리 그 선배의 원고에는 빨간색 표시가 거의 없었다. 그러니 선후배 기자들은 그 선배의 오답 메모를 보기 일쑤였고, 그 선배는 보지만 말고 물어보면 추가 설명까지 해 줄테니 물어보라고 했다. 선의였지만 스스로 학습하는 시간이기도 했다.

나의 경우 '**실패 사례**' 중 하나는 처음했던 프레젠테이션이다. '**실패 이유**'는 프레젠테이션 경험이 거의 없었다는 것이다. 자사 발행 잡지에서만 근무했기 때문에 프레젠테이션은 해본 적이 없었고, 당연히 그에 필요한 노하우도 없었다.

다음은 자세히 설명해야겠다는 생각이 앞서 발표용 제안서에 텍스트를 너무 많이 넣었다는 것이다. 그런데 심사위원들은 나의 설명을 듣는 것보다 텍스트를 읽는 데 집중한 나머지 전달력이 현격히 떨어졌다. 그리고 한정된 시간에 책을 만드는 기준과 프로세스 등 전문성만 강조하다 보니 그들이 원하는 것에 대한 답도 부족했다. 마지막으로 고객사에 대한 이해가 부족해 질의 응답 시간에 효과적인 대답을 하지 못했다는 것이다.

'실패 원인' 중 가장 큰 핵심은 생각의 중심이 고객이 아닌 나였다는 것이다. 생각의 무게 중심은 무척이나 중요하다. 예로, 일본의 대표적인 대형 백화점에 근무하는 한 임원이 직원에게 백화점은 어떤 곳인지 질문했다. 그 직원은 '다양한 물건을 파는 곳'이라고 답하자, 그 임원은 아니라며 백화점은 '고객이 물건을 사러 오는 곳'이라고 답했다.

직원의 생각대로라면 직원이 물건을 판매하기 편하게 공간을 구성하겠지만, 임원의 생각대로면 고객이 편하게 쇼핑할 수 있도록 공간을 구성하게 된다. 생각의 무게 중심을 어디에 두는지에 따라 결과는 확연히 바뀌게 된다. 이 백화점은 일본 장기 불황 시절, 완만하게나마 유일하게 성장했던 이세탄백화점이다.

당시 내가 근무했던 디자인하우스는 잡지의 영향력이 매우 큰 회사였다. 그래서 간과했던 부분이 회사의 명성이 심사에 크게 작용할 것이라는 기대였다. 회사라는 백 그라운드에 너무나 의존했던 것이다. 그런데 생각해 보면 심사위원은 거의 의사로 구성되어 있었다. 잡지를 보는 의사가 과연 얼마나 될까? 그리고 그 잡지가 어느 회사에서 발행되는지를 아는 의사는 또 얼마나 될까? 이 두 가지만 생각했어도 회사의 명성에 의존하는 기대는 아예 생각조차 하지 않았을 것이다.

'**보완할 점**' 중 가장 중요한 것은 고객사에 대한 이해다. 지피지기백전불태(知彼知己百戰不殆), 적을 알고 나를 알면 백 번 싸워도 위태롭지 않다. 나는 알지만 적을 알지 못하고 어떻게 싸움에서 승리하겠는가? 그래서 고객사는 어떤 회사인지 성격과 차별적 특성을 이해하고, 다양한 채널을 통해 고객사에 대한 최신 이슈도 확인해야 한다. 또한 심사위원의 특성도 미리 알 수 있다면 그에 맞게 미리 준비해야 한다.

그래서 보완한 것이 생각의 무게 중심 이동이었다. 내가 아닌 고객으로 생각의 무게 중심을 옮기면, 말하고 싶은 것을 말하는 게 아니라 궁금해 할 내용에 대해 말하게 된다. 발표 자료 역시 설명식 텍스트 나열이 아닌 오히려 심플한 구성으로 궁금증을 유발시켜 발표자의 이야기에 집중하게 만들었다. 이렇게 하니 제안서의 내용과 흐름, 각 제안 내용에 들어갈 텍스트와 비주얼도 모두 달라졌다. 또한 전달하고자 하는 주요 내용을 뒷받침할 수 있는 이론적 근거와 사례를 더해 신뢰도 얻게 되었다.

이제 아래 표를 작성하며 실패 경험을 통해 자신의 자산을 추출해 보자. 먼지 왼쪽에는 '실패 사례'를 먼저 작성한다. 칸이 다섯 개지만 더 많다면 더 작성해도 된다. 그리고 각 실패 사례별로 '실패 이유', '실패 원인', '보완할 점'을 적는다.

그 다음 '현재 점수와 상태'는 100점을 만점으로 현재는 몇 점인지 작성하고, 그 점수는 어떤 상태인지 점수 아래에 적는다. 예를 들어 현재가 30점이라면, 상태는 프레젠테이션 경험과 스킬이 부족, 과하게 설명적인 자료 구성, 상대에 대한 이해 부족이라고 적는 것이다.

'목표 점수와 상태'는 100점을 만점으로 현재 점수에서 몇 점까지 높이고 싶은지 점수로 적는다. 그리고 점수 밑에는 각 점수가 어떤 상태인지 적는다. 밑에는 각 점수가 어떤 상태인지 적는다.

이제 마지막으로 '현재 상태를 높이기 위해 가장 먼저 할 것 5가지'는 위에서 작성한 내용을 보고 가장 먼저 할 것을 꼽는 것이다. 이때 위 내용 중 다섯 가지를 꼽거나, 겹치는 내용을 합하거나, 모든 항목을 아우르는 공통 내용을 작성해도 된다. 단, 방향성이 아닌, 실제로 행동할 수 있는 것으로 작성해야 한다.

또한 주의할 것은 횟수로 정리해야 한다는 것이다. 일주일에 몇 회, 회당 몇 시간 등으로 더욱 구체적으로 작성하는 것이 좋다. 과한 욕심을 버리고 실제로 할 수 있는 것으로 작성해야 실행력을 높일 수 있다. 더불어 지키지 못했을 때 어떻게 보완할지까지 적으면 기준이 명확해져 실행력을 더욱 높일 수 있다.

실패 사례에서 자원 찾기

실패 사례	실패 이유	실패 원인	보완할 점	현재 점수와 상태	목표 점수와 방법

실패 사례에서 자원 찾기

현재 상태를 목표 상태로 높이기 위해 가장 먼저 할 것 5가지

1. _____

2. _____

3. _____

4. _____

5. _____

성공 사례와 마찬가지로 꽤 많은 시간이 소요되었을 것이다. 그리고 아마도 성공 사례에서 추출한 자원에 더불어 보완해야 할 점까지 추출하고 나니 자신감도 높아졌을 것이다. 당신은 난파선에서 숨은 보물을 찾은 것이다.

중요한 것은, 자신이 적은 것은 반드시 실행해야 한다는 것이다. 작성만 하고 실행하지 않으면 허언에 불과하며, 행동하지 않고 고민만 하던 예전의 모습으로 돌아가게 되는 것이다.

 효율성과 효과성을 만드는
재능 자원

사람은 모두 다른 존재다. 외모와 성격뿐만 아니라 가치관, 재능도 다르다. 지금까지 자신이 누구인지 인식하고 의식하기 위해 내가 아는 나와 타인이 아는 나, 성공 사례와 실패 사례에서 각각 다양한 자원을 추출했다. 이번에는 나만의 재능을 찾는 과정이다.

재능의 사전적 의미는 '어떤 일을 하는 데 필요한 재주와 능력으로, 개인이 타고난 능력과 훈련에 의하여 획득된 능력을 아울러 이른다.'이다. 재능이 중요한 이유는 삶의 다양한 측면에서 중요한 영향을 미치기 때문이다.

먼저 재능은 성공과 성취에 영향을 미친다. 재능은 개인이 특정 분야에서 뛰어난 성과를 만드는 데 도움이 된다. 예술, 스포츠, 과학, 사업, 관계 등 거의 모든 분야에서 능력을 극대화하는 데 중요한 역할을 한다. 기자 시절 바이올리니스트 장영주를 인터뷰한 적이 있다. 그녀는 1년에 300일 정도 연주를 한다고 했다. 1년 중 65일 정도를 빼고 연주한다는 사실도 놀라웠지만 더 놀라운 것은 같은 곡을 연주하지 않는다는 것이었다. 그게 어떻게 가능한지 물었더니 그녀는 "저한테는 그렇게 어렵지 않아요. 타고났나?" 물론 그녀는 엄청난 소위 연습 벌레다. 하지만 만일 그녀에게 재능이 없었다면 가능했을까?

재능은 자신감과 만족감에도 영향을 미친다. 자신이 잘할 수 있는 일을 수행하면 성취감을 느끼고 자신감도 생기게 된다. 이는 삶의 만족도를 높이고 긍정적인 태도를 유지하는 데 도움이 된다. 성취감과 자신감은 선순환되어 반복될수록 더 커지고 강해진다.

또한 재능은 경쟁력에도 영향을 미친다. 재능 있는 사람은 특정 분야에서 경쟁력을 가지며, 이는 직업적 성공이나 사회적 인정으로 이어질 수 있다. 이는 앞의 자신감과 만족감에 자부심을 더하는 역할을 한다.

창의성과 혁신과도 연관이 깊다. 재능이 뛰어난 사람은 새로운 아이디어를 내고 혁신을 이루는 데 능숙하다. 이는 사회 발전에도 큰 영향을 미친다. 또한 삶의 즐거움과도 큰 관련이 있다. 자신이 좋아하고 잘하는 일을 하면 삶이 더 즐겁고 만족도도 높아진다. 그래서 열정을 가지고 살아가도록 돕는다.

물론 재능만으로 모든 것을 결정할 수는 없다. 노력과 끈기, 환경도 중요한 요소다. 중요한 것은 자신의 재능을 발견하고 개발하는 것이다, 자신에게 어떤 재능이 있고, 어떻게 활용하면 되는지 이해하고, 지속적으로 인식하면 성장과 성공을 만드는 든든한 토대가 될 수 있기 때문이다.

리서치 회사로 알려진 갤럽(Gallup)에서는 리서치 외에 갤럽 강점(CliftonStrengths)으로도 유명하다. 전 갤럽의 회장이었던 도널드 클리프턴(Donald O. Clifton)은 미국 네브래스카 대학에서 20년 가까이 교육 심리학을 가르쳤던 '강점 연구'의 권위자였다. 미국 심리학 협회는 2002년 도널드 클리프턴에게 평생 공로상을 수여하면서 '강점 기반 심리학의 아버지(Father of Strengths-Based Psychology)'라고 하기도 했다.

지금도 그렇지만 종전의 심리학은 사람의 약점이나 결점 등 심리적 문제를 진단하고 치료하는 데 집중되어 있었지만, 도널드 클리프턴의 생각은 달랐다. 일반적으로 사람들은 약점을 연구하는데 그 대신 강점을 연구하면 어떤 일이 일어날 것인가에 대해 의문을 가졌다. 이 단순한 물음에서 출발한 연구는 사람들의 강점과 재능을 34가지 테마로 설명하는 '클리프턴 강점 평가(Clifton Strengths Assessment)'의 개발로 이어졌다.

각 테마는 자신이 가진 재능 자산으로 업무는 물론 개인의 삶에도 큰 영향을 미친다. 온라인에서 진단을 마치면 바로 자신의 34개 테마 순위 및 그와 관련된 〈CliftonStrengths® 보고서〉를 볼 수 있다. 일반적으로 MBTI는 16개 항목에 자신을 맞추는 반면, 갤럽 강점 34개 테마 중 가장 강하게 발현되는 것이 상위 5개인데, 5개의 순서가 다른 사람과 같을 확률은 무려 33,000,000분의 1이다. 다시 말해 우리나라에서 자신과 Top 5의 순서가 같을 확률은 거의 없다는 것이다. 또한 각 테마는 하나만 단독으로 발현되지 않고 다른 테마와 함께 발현되기 때문에 진단 후 나오는 보고서가 다른 사람과 같을 확률은 0%다. 즉 개인 맞춤형 보고서라고 할 수 있다.

눈길을 끄는 것은, 약점에 대한 해석이다. 일반적으로 부족한 점을 약점이라고 부르는 반면, 갤럽 강점에서는 강점이 과하게 발현될 경우 약점이 된다고 한다. 나는 일대일 코칭 때 강점 진단도 병행하는데, 먼저 고객의 강점 Top 5 각 테마가 잘 발현될 때의 특성과 과발현될 때의 특성을 설명한다. 그리고 〈리더십 다면 진단 보고서〉를 보며 부정적인 내용에 밑줄을 치게 한다. 그리고 부정적인 내용과 강점의 과발현 즉 약점의 내용을 비교해 보면 놀랍게도 너무나 많은 부분이 일치한다. 쉽게 말해, 고객이 못해서가 아니라 더 잘 하고 싶어 만든 결과라는 것을 확인하고 나면 출구가 보이지 않는 미로에서 출구를 찾은 것처럼 표정이 바뀐다.

갤럽에 따르면 마이크로소프트, JP모건, 구글, 페이스북, 사우스웨스트 항공, BMW 등 포천(Fortune) 500 기업 중 90% 이상이 이 평가를 직장 문화에 적용했다고 한다. 물론 국내에서도 대기업은 물론 중소기업, 스타트업까지 갤럽 강점 교육 열풍이 불고 있다.

개인도 마찬가지다. 자신의 강점을 알면 업무는 물론 자신의 삶까지 확실히 바뀌기 때문이다.

나의 경우 강점 Top 5는 전략(Strategic) 테마, 신념(Belief) 테마, 행동(Activator) 테마, 최상화(Maximizer) 테마, 개별화(Individualization) 테마 순이다. 전략 테마는 원하는 목표를 이루기 위해 변수까지 고려한 다양한 방법을 만들고 그 중 최선을 택하는 특성이 있으며, 신념 테마는 자신보다 다수의 이익을 중요하게 생각하는 특성이 있다.

평생 가족을 위해 살다가 어느 날 맞이한 은퇴라는 벽 앞에 선 이들을 도와야겠다는 마음에 열정을 더한 것은 신념 테마와 관련이 깊고, 그 목표를 이루기 위해 코칭 기반 은퇴 준비서 〈빨리 은퇴하라〉와 본 책 저술, 유튜브 〈유브랜드〉 진행, 그리고 강의와 코칭을 통해 고객에게 가장 좋은 방법을 주기 위해 노력하는 것은 전략 테마와 관련이 깊다.

자신의 강점을 지속적으로 인식하고 업무나 생활에 활용할 수 있는 방법에 집중하면 강점이 긍정적으로 발현된다. 이렇게 자신의 강점을 인식하고 활용하게 되면 자신의 업무와 삶에 미치는 영향이 무려 70%에 이른다. 실제로 일대일 코칭에 갤럽 강점 접목은 물론 별도로 갤럽 강점 강의도 진행하는데 꾸준히 인식하고 활용한 사람들의 피드백은 놀라울 정도다. 이런 효과가 있어 많은 기업들이 앞

다퉈 갤럽 강점 교육을 받고 있다.

우리는 자신이 자신을 가장 잘 안다고 믿는다. 과연 그럴까? 자신이 아는 자신은 주관적인 자신이다. 반면 이런 강점 진단 같은 툴을 통해 보는 자신은 그보다 훨씬 객관적이다. 강점은 실제로 큰 효과가 있다. 자신의 강점을 정확히 인식하는 것은, 은퇴 후의 삶을 성공적으로 만들기 위한 나의 무기를 갖는 것과 같다. 어떤 무기가 있는지 알면 전쟁터에서 그만큼 더 잘 싸울 수 있는 것이다.

개인적으로 갤럽 강점 진단과 교육을 받기를 권한다. 진단 결과 자신의 강점과 개인 맞춤형 보고서를 볼 수 있지만 더 깊은 내용과 활용하는 방법은 강의를 통해 진행하는데, 자세한 내용과 다양한 실제 활용 방법을 알면 삶의 만족도는 확실히 높아지고, 몰입도가 높아져 결과는 성과로 나타나기 때문이다.

갤럽 강점 진단을 하지 않은 경우에는 아래 표로 간단히 정리해 볼 수 있다. 먼저 오른쪽에 과거에 만든 '성공 사례'를 먼저 적는다. 앞에서 적었던 성공 사례를 그대로 적어도 좋다. 마찬가지로 다섯 개 이상을 써도 상관없다.

그 다음은 '재능 단어'다. 책임감, 정보수집, 통솔력, 분석력 등 성공을 만든 자신의 재능을 사례당 5개 단어로 적는다. 그리고 해당 재능이 사용된 '재능 사용 근거'를 적는다. 재능 단어에 적은 단어의 수와 근거의 수가 같아야 한다. 이런 식으로 모두 작성이 끝나면 재능 단어에서 겹치는 단어를 모아 제일 하단에 있는 '공통 재능'에 쓴다. 가급적 다섯 개 이상 작성한다. 재능 단어와 공통 재능을 작성하다 보면 표현만 다를 뿐 의미나 속성은 같은 게 있을 수 있다. 그럴 때는 상위 개념을 적는다.

재능 자원표		
성공 사례	재능 단어	재능 사용 근거
공통 재능		

지금 작성한 〈재능 자원표〉는 자신이 생각하는 자신의 재능이다. 그 다음 단계는 주변인에게 자신의 재능을 물어보는 것이다. 보다 객관적인 재능을 알 수 있다. 가급적 오랜 시간 알고 지낸 사람에게 묻는 것이 좋으며, 단어 선정 역시 그 사람의 표현을 반영하는 것이 좋다. 말을 듣고 스스로 정리하면, 의견을 준 사람과 미묘한 차이가 있을 수 있기 때문이다. 단어를 물은 후에 마찬가지로 근거를 물어야 한다. 근거를 말하다 보면 재능 단어가 바뀔 수 있기 때문이다.

자신과 타인을 통해 만든 재능 단어들은 당신만의 고유 재능 자원이다. 당신이 만든 많은 성공 경험은 물론, 일상에서 생각하고, 판단하고, 행동하는 데에도 알게 모르게 깊이 관여한다. 중요한 것은 인위적으로라도 이들 단어를 인식해야 한다는 것이다. 따라서 가장 잘 보이는 곳에 자신의 재능 단어를 적어두고 지속적으로 인식하게 하고, 새로운 것을 할 때에도 이 재능 단어 중심으로, 재능을 어떻게 활용할지에 대해 생각하는 습관을 가져야 한다.

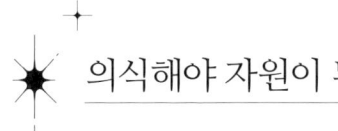
의식해야 자원이 된다

지금까지 우리는 자신의 자원을 찾기 위해 몇 개의 과정을 거쳤다. 이번 장, 의식(意識)에서 나는 누구인가, 내가 아는 나와 타인이 아는 나, 성공 사례와 실패 사례에서 다양한 자원을 추출했고, 과거 사례를 통해 자신만의 재능을 찾아봤다. 지금까지 꽤 오랜 시간이 걸렸고, 그만큼 과거를 돌아보며 타인의 생각을 물으며 깊이 성찰했다. 그리고 타인에게 없는 나만의 자원을 추출했다.

물론 이것만으로 자신의 자원을 완벽하게 의식했다고 하기에는 무리가 따를 수 있다. 중요한 것은 이들 자원은 자신이 은퇴 후의 꿈꾸는 삶을 만들기 위한 '나만의 차별적 씨앗'이라는 것이다. 이 씨앗들을 활용해 싹을 틔우고, 꽃을 피우고, 열매를 맺도록 노력하기 위해서는 지속해서 자신의 자원을 지속해서 의식해야 한다.

은퇴 후에도 자신의 자산을 지속해서 의식하고 개발하는 것은 매우 중요하다. 지속해서 의식하면 많은 장점이 있다, 그 첫 번째는 자아실현과 만족감을 높일 수 있다는 것이다. 오랜 시간 동안 쌓아온 경험과 지식을 활용해 새로운 도전을 할 수 있고, 이를 통해 성취감을 느끼고, 삶의 의미를 계속 찾아갈 수 있다.

두 번째는 경제적 안정이다. 은퇴 후에도 지속해서 자신의 역량을 유지하고 발전시키면 추가적인 수입을 창출하거나 새로운 기회를 모색할 수 있다. 이를 통해 재정적인 걱정을 줄이고 더 안정적인 생활을 누릴 수 있다. 재직 시절보다 오히려 은퇴 후에 더 많은 수입을 만드는 이들은 너무나 많다.

세 번째는 사회적 관계를 지속해서 유지, 발전시킬 수 있다. 역량을 유지하며 또 다른 분야를 배우고 활동하면 다른 사람들과 교류하며 또 다른 사회적 관계를 유지할 수 있다. 이는 외로움을 방지하고 정신건강을 개선하는 데에도 큰 도움이 된다.

마지막 네 번째는 생활 방식이 건강해진다는 것이다. 지적, 신체적 활동을 지속하는 것은 신체는 물론 정신건강을 유지하는 데 중요한 역할을 한다. 지속적인 학습과 활동을 통해 노화를 늦추고 활력 있는 삶을 유지할 수 있다.

은퇴는 끝이 아니라 또 다른 시작이다. 사회 초년병 때는 사회 경험이 없었기 때문에 자원이 없었다. 오랫동안 열정을 다해 성실히 살았기 때문에 다양한 자산을 갖게 된 것이다. 그러니 더 유리한 고지를 선점할 수 있다. 동년배와 비교해도 마찬가지다. 자신의 자원을 몰라 허둥대는 이들과는 당연히 큰 차이가 생길 수밖에 없다. 은퇴 이후의 삶을 준비한 이들에 비해 준비한 이들의 출발선은 훨씬 앞에 있다.

지금까지 우리는 다양한 방식을 통해 참 많은 성찰의 시간을 가졌다. 몰랐던, 의식하지 못했던 자신에 대해 새롭게 아는 시간을 가진 것이다. 더불어 은퇴 후 원하는 삶을 살기 위한 다양한 자원도 찾을 수 있었다.

여기까지 오며 무엇을 느꼈는가? 어떤 감정이 들었는가? 다음 장에서는 지금까지의 성찰 결과를 더 깊게 들어가는 시간을 가질 것이다. 정말 선물과 같은 여정이 될 것이다.

VII

프로세스 4
의미

의미(意味)의 사전적 의미는 '사물이나 현상의 가치'다.
지금까지 객관화시킨 자아와 자산 등을 바탕으로
자신이 꿈꾸는 행복한 삶은 자신에게 어떤 의미인지 살피고,
자신만의 정의를 내리는 것이 중요하다. 이것은 내가
꿈을 이루기 위해 집중해서 정진할 힘이 된다.

 # 은퇴 후의 삶은
나에게 어떤 의미인가?

나는 기자라는 직업이 정말 좋았다. 기자였기 때문에 만나기 힘든 사람도 만날 수 있었고, 내 돈으로 갈 수 없는 해외에도 많이 갈 수 있었다. 내가 꼽는 기자로서 가질 수 있는 최고 특권은 이 두 가지가 으뜸이었다.

인터뷰이, 즉 인터뷰 대상자는 대부분 각 분야에서 성공한 혹은 주목받는 사람들로 인정받는 이들이다. 간혹 섭외가 쉽지 않았지만, 오랜 시간 공들여 연락하며 마침내 인터뷰에 성공하면 그 희열은 정말 엄청났다. 얼굴을 맞대고 그들의 진솔한 얘기를 면대면으로 직접 들을 수 있었기 때문이다.

그들의 성공 스토리는 다 제각각이지만 모두 뜨거운 열정과 남다른 생각 그리고 불도저 같은 추진력이 있었다. 그들과 대화하며 나는 많은 것을 배울 수 있었고, 전부는 아니었지만 서로의 소중한 인맥으로 발전하기도 했다.

해외 출장도 마찬가지다. 얼추 손꼽아 보면 출장으로 갔던 나라가 서른 개가 넘는다. 각 나라는 각각의 독특한 문화가 있었고, 이방인에게는 더없이 흥미로웠으며, 많은 배움과 성찰을 주었다. 그 예로, 뉴질랜드에서 열리는 패션쇼, 월드 오브 웨어러블 아트(World of WearableArt, WOW)를 꼽을 수 있다.

이 행사는 1987년 수지 몽크리프(Suzie Moncrieff)에 의해 넬슨(Nelson)에서 마을 축제로 시작되었다. 그녀가 내놓은 조건은 단순했다. 주변에 있는 어떤 물건이든 상관없이 그 물건을 소재로 옷으로 만드는 것이었다. 이 행사는 사람들의 기막힌 아이디어의 장이 되었고, 해를 거듭할수록 큰 인기를 끌었다. 당시에 만났던 그녀는 행사가 이렇게 커질 줄 몰랐다며, 예측할 수 없는 아이디어를 볼 수 있어 자신도 놀랍다고 했다. 그녀에게 이 행사는 어떤 의미였을까?

이 행사는 수년 후 뉴질랜드에서 가장 큰 행사가 되었다. 일반인은 물론 전세계의 유명 패션 디자이너도 참석했다. 전 세계에서 찾아오는 사람들이 많아지자, 정부에서는 행사 동안 넬슨을 오가는 항공기 운항 편수를 늘리기도 했다. 개인적으로도 이따금 홈페이지를 찾아보곤 하는데, 내게는 단순한 취재 대상 그 이상의 배움과 성찰이 있었기 때문이다.

그렇다면 기자라는 직업은 나에게 어떤 의미일까? 한마디로 내가 관심 있는 분야에서 성장할 수 있는 기회였다. 매체를 옮기고,

회사를 옮길 때의 기준은 내가 배울 게 있는지, 내가 성장할 수 있는지가 첫 번째 조건이었다. 그래서 매체는 물론 편집장이 어떤 사람인지 주변을 통해 알아보고, 면접을 통해 편집장과 대표이사의 생각도 꼼꼼히 듣는 데 집중했다.

'의미'를 묻는 질문은, 앞에서 설명했던 존재, 즉 본질에 대해 성찰하는 것이다. 앞에서 설명했던 바다의 수면 위와 수면 아래의 예처럼, 그것이 나에게 어떤 의미인지 알고 나면 그것을 해야 하는 마음 자세가 달라진다.

예를 들어, 성과가 떨어지는 구성원에게 낮은 성과를 꾸짖고 질책한다면 과연 좋은 성과를 만들까? 구성원은 질책을 잔소리로 듣고, 등 떠밀려 마지못해 성과를 만들기는 할 것이다. 하지만 효과는 한시적이거나 제한적이다.

이런 경우 의미를 물어보는 질문은 매우 효과적이다. 예를 들면 "지금 하고 있는 프로젝트는 A 대리에게 어떤 의미인가요?" 이런 질문에 쉽게 답하기는 힘들 것이다. 실제로 대부분 주춤한다. 그리고 속으로 생각한 후 말한다. "저의 능력을 보여줄 기회입니다." "그래요, 또?" "제가 이 일을 잘해서 승진한다면 저를 자랑스러운 남편, 멋진 아빠라고 생각할 겁니다." "또?"…

이렇게 의미를 찾아가다 보면 그 일을 왜 잘해야 하는지 인식하게 된다. 이 과정은 수면 아래는 존재(Being)를 성찰하게 하는 것이고, 이를 인식하고 나면 자발적인 행동(Doing)으로 이어지게 된다. 혼내고 질책하는 것보다 훨씬 효과적이고, 효과도 더 오래 지속된다. 의미를 성찰하고 깨닫는 것은 이런 힘이 있다.

자녀의 공부도 마찬가지다. (부모 입장에서는 물론 선한 의도겠지만) 자녀에게 반복해서 공부하라고 하고, 열심히 하지 않는다고 혼내기도 한다. 자녀는 하긴 하지만 마지못해 하는 경우가 많다. 그런데 자신이 왜 공부를 해야 하는지(Being)에 대해 스스로 인식하게 되면 시키지 않아도 공부(Doing)를 하게 된다. 쉽게 말해 자기주도학습과 맥을 같이하는 것이다.

자, 당신에게 묻겠다. "은퇴 후의 삶은 당신에게 어떤 의미인가?" 아마도 쉽게 답하기 어려울 것이다. 많은 강의를 통해 들은 답은 미뤄두었던 진짜 행복을 찾는 시간, 잊혔던 꿈을 찾아 그 꿈을 이루는 시간, 자신의 인생에서 진짜 주인공으로 살 수 있는 시간 등 매우 다양했다. 이렇게 말함으로써 의미를 정의하고 나면 은퇴 후의 삶을 다시 보게 된다. 그리고 그 꿈을 꼭 이루고 싶은 마음과 열정을 갖게 된다.

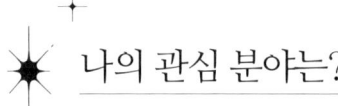
나의 관심 분야는?

즐기는 자를 이길 수 없다. 맞는 말이다. 직장 생활을 하며 일을 즐겁게, 나아가 일을 즐기며 하는 사람을 본 경우가 있을 것이다. 이들의 표정이나 말투는 늘 밝다. 인위적으로 그렇게 보이기 위한 이유와 목적이 있을 수 있지만 그건 한계가 있다.

한 수입 자동차 영업 사원의 이야기를 들은 적이 있다. 매년 연말이면 종무식과 함께 판매왕 시상식을 하는데 그가 오랫동안 그 자리를 꿰차다 보니 참석자 모두 그의 수상을 당연하게 받아들일 정도였다고 했다. 수상대에서 마이크를 든 그는 늘 같은 말로 수상 소감을 연다고 한다. 바로 '저의 간절한 두 번째 생일'.

생일에 비유한 것은 생일만큼 즐거운 날로, 영업 사원으로 다시 태어나는 날이라고 생각하기 때문이며, '간절한'이라는 표현을 쓴 것은 매년 많은 경쟁자가 있기 때문에 판매왕이라는 타이틀을 빼앗기지 않고 싶은 간곡한 마음의 표현이라고 한다.

그리고 그는 소감의 마지막을 "생일 파티를 즐기자!"로 하는 것은 모인 사람이 즐거운 시간을 보내자는 의미도 있지만, 진짜 의미는 그 행사를 자신을 위한 생일 파티로 생각하고, 사람들의 축하를 받으며 더 큰 용기를 내기 위한 다짐이라고 한다.

　　잡지사 재직 시절 고객사였던 모 보험사의 연말 행사에 간 적이 있다. 전국에서 모인 모든 참석자가 양복과 드레스로 한껏 멋을 내고 참석했다. 분야별로 우승자에 대한 시상을 하는데 호명을 받는 이들은 하나 같이 그 행사를 만끽하는 표정이었다. 보험에는 3W라는 것이 있다. 매주 3건 이상 계약을 체결하는 것으로, 보통 3W 몇 주 달성이라는 타이틀이 붙는다. 이 분야에서 수상한 한 설계사는 수년간 3W를 달성했는데 동석한 보험사 직원의 얘기로는 수상자가 교통사고로 입원해 3W의 신화가 깨질 것으로 예상했다고 했다. 그런데 그 예상은 보기 좋게 깨졌다. 같은 병실에 입원한 환자와 계약해 3W를 유지했다는 것이다. 그는 그게 영업이 아닌 즐거운 일상 중 하나였던 것이다.

　　해야 해서 하는 것은 한계가 있고, 그만큼 많은 스트레스도 따른다. 하지만 즐기는 이들은 그 자체가 즐겁고, 스트레스도 덜받게 마련이다. 이렇게 한 분야에서 탁월한 성과를 내는 이들을 보면 하나 같이 일을 즐기는 이들이 많다. 그러니 다른 사람보다 더 몰입하고, 자신만의 영업 방식을 만들고, 또 자신만의 방법으로 고객을 관리한다. 즐기는 자를 이기는 건 결코 쉽지 않다.

　　수년 전 강원도 평창에서 파프리카 스마트팜을 운영하는 대표를 만난 적이 있다. 대표가 비닐하우스로 오라며 주소를 주었는데 아무리 찾아도 비닐하우스가 보이지 않았다. 대표에게 전화했더니 일반적인 비닐하우스 모양과 다르다고 했다. 주변을 둘러 보니 둥근 비닐하우스가 아닌 넓은 건물만큼 큰 사각형 모양의 비닐하우스가 보였다.

그렇게 찾아 비닐하우스 내부로 들어갔는데 깜짝 놀랐다. 중앙 통로 양쪽으로 파프리카가 자랄 수 있도록 세워진 거치대가 죽 나열되어 있었는데, 각 거치대의 높이는 족히 5미터는 되어 보였다. 그리고 거치대를 따라 형형색색의 파프리카가 참 튼실하게도 열려 있었다. 그리고 거치대 사이에 놓인 레일에는 수월하게 수확할 수 있도록 위아래로 움직이는 전동 레일카가 있었다.

대표는 스마트폰을 보며 온도와 습도만 조절한다고 했다. 규모도 매출액도 상상을 뛰어넘었다. 금보다 비싼 네덜란드산 파프리카 씨앗을 구입해 파프리카 농장을 운영하는데 수익률이 매우 높다고 했다. 조만간 수확량을 늘리기 위해서는 일조량을 더 늘려야 해서 조만간 비닐을 유리로 교체할 예정이며, 다른 곳에 추가로 하우스를 만들 계획이라고 했다.

그는 화훼농가의 아들로 태어나 아버지를 돕는 게 힘들어 타지에서 직장 생활을 했다고 했다. 직장 생활이 힘든 것은 당연하다고 생각했는데 어느 날 TV에서 스마트팜 관련 뉴스를 보고 자연스럽게 관심을 갖게 되었다고 했다. 스마트팜이 정보 통신 기술(ICT)

을 접목한 농업 시스템이라 이공계를 전공한 그에게는 비교적 이해가 쉬웠고, 만일 자신이 한다면 잘할 수 있을 것이라는 생각을 갖게 되었다고 했다. 그리고 시스템의 각 분야를 어떻게 하면 더 잘 운영할 수 있을까에 대한 상상의 나래도 자연스럽게 펼쳤다고 했다.

그러던 중 화원을 운영하시던 아버지로부터 나이가 들어 운영하기 힘드니 내려와서 직접 운영하면 좋겠다는 연락을 받고 퇴사 후 내려왔다고 했다. 그는 기존 화훼 면적의 일부를 할애해 스마트 팜을 작게 시작했다. 자신감과 사업성을 확인한 후에는 대출을 받아 스마트 팜 시스템을 갖추었다. 알게 모르게 관심이 있던 분야에서 자신이 잘 할 수 있는 분야로 발전했고, 자신이 즐길 수 있는 분야로 발전하게 되었다.

자신으로 돌아와 보자. 자신이 관심을 가진 분야는 무엇인가? 살아가며, 혹은 업무 때문에, 혹은 뉴스를 보며 유독 관심을 갖게 된 분야를 정리해 보자. 단순한 이해와 관심을 넘어 내 것으로 삼아보고 싶었던 분야는 무엇인가? 생각해 보면 관심을 갖게 된 이유가 단지 돈 때문이 아니라면, 잠재의식 속에 숨어있던 관심이라는 녀석이 머리를 든 것이다.

이제 정리해 보자. '내가 관심 있는 분야'는 무엇인가? 그리고 그 이유는 무엇인가? 다음은 '내가 잘하는 분야'는 무엇인가? 그리고 그 이유는 무엇인가? 여기에는 자신의 전문성이 담겨 있을 가능성이 높다. 마지막으로 '내가 즐길 수 있는 분야'는 무엇인가? 돈에 등 떠밀려 해야 했던 일이 아닌, 마음에 꼭꼭 담아두고 한 번도 해 보지 않았지만, 생각만 해도 심장이 뛰고, 관련 얘기를 들으면 귀가 솔깃했던 분야를 찾아보자. 그리고 그 이유를 작성해 보자.

관심, 능력, 즐김 분야 정리표	
내가 관심 있는 분야	이유
내가 잘하는 분야	이유

내가 즐길 수 있는 분야	이유

〈관심, 능력, 즐김 분야 정리표〉를 작성하고 나니 어떤 느낌이 드는가? 관심을 넘어 능력을, 능력을 넘어 즐길 수 있는 분야를 생각해 본 것이다. 안개가 걷힌 느낌이 들지 않는가? 꽉 막혔던 속이 뻥 뚫린 느낌이 드는가? 어쩌면 당신이 정말 하고 싶은 분야가 정리된 것이다. 세 카테고리의 공통점을 보면, 핵심이 보일 것이다.

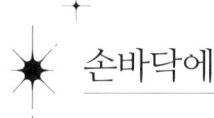
손바닥에
희망 직업군 올리기

　세상은 변했다. 공부를 잘한다고 의대, 법대에 가는 시대는 이미 지났다. 오랜 시간 직장 생활을 해서 알겠지만, 직업이라는 것은 누구보다 잘하고 즐길 수 있어야 경쟁력을 갖게 된다. 그런데 우리는 잘하고 즐기기보다는 가족을 부양하고, 자녀를 양육하기 위해 돈을 더 버는 일을 묵묵히 성실하게 해야 했다.

　은퇴 후에도 그래야 할까? 물론 돈을 포기해야 한다는 것은 아니다. 돈에 무게 중심이 있었던 은퇴 전과 달리 은퇴 후에는 정말로 자신이 즐기고, 잘하며, 나답게 사는 게 중요하다. 물론 돈도 벌어야 한다. 한 번뿐인 인생인데 그렇게 살아야 하지 않겠는가?

　앞의 표를 작성해 보니 어떤 마음이 드는가? 앞에서 다른 표를 작성했던 것만큼 시간도 오래 걸리고, 생각도 깊어졌을 것이다. 내가 관심 있는 분야, 내가 잘할 수 있는 분야, 내가 즐길 수 있는 분야의 '공통 분야'는 당신이 누구보다 더 잘할 수 있는 분야다.

　공통 분야는 하나가 아닐 수 있다. 당연하다. 이젠 이 분야를 바탕으로 세부적으로 구체화해야 한다. 예를 들어 공통 분야 중 하나가 '요리'라면 요리와 관련된 조금 더 구체적인 세부 분야를 생각해야 한다. '세부 분야'는 조리일 수도 있고, 식재료일 수도 있고, 식기일 수도 있으며, 음식에 대한 비평일 수도 있다. 자신이 생각하는, 관심이 있는 세부 분야를 적으면 된다. 이 선정 과정은 잠재의식 혹은 무의식 속에 자신의 관심이 작용했을 가능성이 크다.

세부 분야가 중 하나가 '식재료'라면, 특정 분야는 여기에서 파생된 더 구체적으로 작성하면 된다. 예를 들어 식재료를 직접 재배하는 버섯 농장 운영일 수 있고, 새로운 분야의 농법이라면, 친환경으로 재배하는 아쿠아포닉스 농장 운영일 수도 있다. 또한 좋은 식재료 생산자를 찾아 식재료 유통으로 구체화할 수도 있고, 식재료를 신선하게 유통하는 포장일 수도 있다.

이렇게 구체화할 때는 실현 가능한 상황도 지속적으로 고려해야 한다. 예를 들어 직접 재배 한다면 농장을 만들 수 있는 장소가 있다면 실현 가능성이 높아지고, 그에 필요한 재정적 여유가 있다면 더 그럴 것이다. 만일 유통 쪽이라면, 퇴직 전 타 분야라도 유통 경험이 있다면 이 전문성으로 실현 가능성이 높아질 것이다. 직접 경험이 없더라도, 함께할 전문가급 조력자가 있다면 역시 실현 가능성이 높아진다.

마지막으로 세부 분야별로 '특정 분야'를 적으면 된다. 이때는 세부 분야 작성 때보다 훨씬 신중해야 한다. 그리고 현실 가능한지도 꼼꼼히 살펴야 한다. 현실 가능성은 실제로 구현할 수 있는 자신의 능력, 재정 상황, 기간, 조력자, 시장성 등 다방면에서 검토해야 한다. 여기에는 자신의 전문성이 한몫할 수도 있고, 조력자를 활용할 수도 있으며, 그동안 관심을 가지고 본 책이나 영상에서도 찾을 수 있다. 폭넓고 깊게 생각할수록 좋다.

직업 선정표		
공통 분야	세부 분야	특정 분야

공통 분야	세부 분야	특정 분야

〈직업 선정표〉를 작성하고 나니 어떤 기분이 드는가? 앞에서 작성했던 다른 것들과 마찬가지로 많은 시간이 소요되었을 것이다. 그리고 아마도 특정 분야에 매우 구체적인 직업을 썼을 것이다. 그것은 심사숙고의 시간으로 그만큼 가치가 있고, 실현 가능성도 높다고 할 수 있다.

다시 한번 작성한 표를 천천히 살펴보자. 그중에 정말 하고 싶은, 눈길을 잡고 마음을 잡은 것을 택하면 된다. 이것은 당신이 잘하고, 즐길 수 있는 당신의 은퇴 후 직업이 될 가능성이 크다. 그리고 이후에 변동 가능성도 있으니 굳이 하나면 고집할 필요는 없다. 하지만 너무 많지 않아야 한다.

픽업!
구체적인 직업 콕 찍기

이제 조금 더 구체화해 직업을 찾아보자. 먼저 위 표에서 작성한 특정 분야 중 마음이 이끌리는 분야를 선정하자. 이 분야는 '핵심 특정 분야'이다. 앞에서 얘기했던 대로 자신의 직업이 될 수 있는 분야다.

먼저 핵심 특정 분야만 아래 표의 왼쪽에 먼저 쓴다. 다 썼다면, 다음은 각 특정 핵심 분야별로 이를 구체화하기 위한 세부적인 계획을 작성한다. 먼저 '조력자'다. 당신과 함께할 수 있는 혹은 힘이 되거나 도움이 될 수 있는 사람을 적는다. 쉽게 떠오르지 않는다면 앞 '의견'에서 작성한 표 〈진성 조력자 그룹〉에서 찾을 수 있고, 없다면 이들 중 관련이 있어 보이는 이들에게 추천을 요청할 수 있다.

다 작성했다면, 대략적인 '필요 자본'을 작성한다. 가늠이 되지 않는다면 금액이 아닌 실제 들어가는 비용 등의 항목을 쓰면 된다. 예를 들어 핵심 특정 분야가 스마트팜이라면, 토지, 시설, 인건비, 운영비 등을 쓰면 된다. 그리고 이 내용은 직접 조사나 자료 조사를 통해 이후에 꼼꼼하게 금액을 넣으면 된다.

다음은 '전문성'이다. 자신이 재직 시절에 했던 전문성과 유사하다면 비교적 작성이 편할 것이다. 하지만 새로운 분야라면 역시 조사를 통해 어떤 전문성이 필요한지 확인해야 한다. 이것은 이 업을 잘할 수 있는 핵심 역량이며, 지속해서 발전하고 성장해 차별화해야 하는 항목이다.

'추가 필요 기술'은 전문성 외에 전문성을 보완하거나 강화하는 데 필요한 기술이다. 역시 자신이 갖춰야 할 부분이며, 더불어 전문가의 도움으로 대체하거나 보완할 수 있는 항목이다.

예를 들어 핵심 특정 분야가 부동산 경매라면, 전문성은 경매 물건의 특성을 이해하기 위한 경매 절차, 물건 찾기, 권리 분석, 수익률 분석, 경매 물건에 대한 임장 방법과 체크 포인트, 명도 방법 등이 될 수 있다. 이를 보완할 추가 필요 기술은 명도를 위한 커뮤니케이션 등 다양한 스킬이나 처음에는 혼자 하는 것보다 함께하는 것이 효율적일 수 있어 경매를 하는 이들과의 네트워크를 만드는 기술, 낙찰받은 후 용도 변경을 위한 노하우 등이다.

'기타'는 장소 등 실제로 사업장을 만들고 운영하기 위해 필요한 것과 그 외 필요한 내용을 적는 것이다. 사무실이나 작업장을 어느 지역에 할지, 거래처 확보, 홍보나 마케팅을 어떻게 할지 등등을 적으면 된다.

사업 준비 검토

핵심 특정 분야	조력자	필요 자본	전문성	추가 필요 기술	기타

〈사업 준비 검토〉를 작성해 보니 어떤가? 하나만 콕 찍어 정말 하고 싶었던 일을 찾고 그에 대한 조력자, 필요 자본, 전문성, 추가 필요 기술, 장소 등 기타 장소를 술술 썼을 수도 있다. 이렇게 매우 구체적이지 않더라도 막연했던 실현 방법이 훨씬 구체화되었을 것이다. 그리고 이 방식에 대한 효용성을 이해하며 자신감도 생겼을 것이다.

　강의하며 얻었던 경험에 비추어 보면, 이 표는 계속 수정을 반복하게 된다. 핵심 특정 분야가 바뀌기도 하고, 그 안에서 최종 직업이 바뀔 수도 있다. 그리고 조력자 등 기타 항목도 그에 따라 바뀔 수도 있다. 중요한 것은 여기까지 오는 데는 많은 생각이 응집된 결과물이니 여기에서 보완하고 발전시키는 게 더 중요할 수도 있다는 것이다.

　최종 분야를 선정하는 방법 중 하나는 일단 눈을 감고 각 특정 분야에서 성공한 자신을 상상하는 것이다. 그리고 그 모습을 생각이 아닌 말로, 구체적으로 말로 표현하는 것이다. 앞에서 얘기했지만, 생각만 하는 것보다 직접 말로 하는 것이 훨씬 효과가 크다.

　예를 들어 보자. 눈을 감고 5년 후 스마트팜으로 성공한 당신을 상상하는 것이다. 상상의 장소는 어디인지, 표정은 어떤지, 당신을 찾아오는 사람은 누구이며, 어떤 이야기를 나누고 있는지, 농장의 규모는 얼마나 되고, 농장의 모습은 어떤지 등등. 그렇게 그리고 나면 마지막으로 자신에게 말로 물어보는 것이다. "○○야, 네 꿈을 이루니 기분이 어때?"

만일 후보 직업이 다섯 개라면, 다섯 개 모두 이런 과정을 거쳐야 한다. 막연한 성공이라는 단어가 아닌, 상상을 통해 묘사하고 자신에게 질문을 하다 보면 분명 가슴이 뛰는 직업이 있을 것이다. 당신이 진짜 꿈꾸는 모습일 가능성이 크다.

만일 창업이나 창직이 아닌 재취업일 경우에도 핵심 특정 분야를 정하고, 성공한 모습을 상상한 후에 자신에게 물어보는 방식은 동일하다. 그리고 효과 역시 동일하다.

 인적 자원에서 조력자 찾기

앞에서 얘기했던 것처럼, 혼자 하는 것보다 함께하는 게 더 의미가 있을 수 있다. 일의 효율성 제고는 물론, 인맥의 급격한 감소에 따른 상실감을 보충해 줄 수 있는 파트너가 될 수도 있다. 항상 곁에 있을 수 있는 사람이 아니더라도 분명히 조력자는 필요하므로 생각을 넓힐 필요는 분명히 있다.

그 인맥은 분명 앞에서 작성한 '진성 조력자 그룹'에 있을 가능성이 크다. 사람을 추천해 줄 수 있는 인맥을 통해서도 찾을 수 있다. 그렇게 정리하다 보면 분명히 생각지 못한 큰 도움을 받을 수 있는 사람이 있다. 서로 도움을 주고받는 든든한 인맥이니, 당신이 함께하자는 제안에 정말 진심으로 고마워할 사람도 있을 수 있다.

물론 그 조력자가 새로운 사람일 필요는 없다. 조력자는 배우자일 수도 있고, 자녀일 수도 있으며, 지역 주민이 될 수도 있다. 어떤 면에서는 가족이 더 큰 힘이 될 수도 있고, 또 어떤 면에서는 지역 주민이 더 큰 든든함이 될 수도 있으며, 전혀 생각하지 않았던 오랜 시간 알고 지내 마음이 통하는 친구일 수도 있다.

전북 부안에서 만난 한 분은 양계장 운영으로 더 많은 돈을 벌기 위해 직장을 그만두었다. 처음에는 예상했던 것 이상으로 돈을 많이 벌었지만, 키우던 닭이 전염병으로 집단 폐사해 엄청난 빚더미 위에 앉게 되었다. 그래서 소자본으로 시작할 수 있는 일을 찾다 찐빵집을 하게 되었는데 아내가 암에 걸려 자녀들에게 포장만이라도 도와달라고 요청했다.

출가하거나 독립한 자녀들이 부모를 돕기 위해 내려왔다가 사업구조를 새롭게 리모델링하겠다며 아예 정착했다. 젊은 감각답게 메뉴 다각화 등 다양한 변화를 만들었다.

그리고 시간이 지나 이곳은 음식과 음료를 사기 위해서는 줄을 서야 하는 곳이 되었다. 작은 찐빵집이 기업으로 성장했고, 건물도 새롭게 지었으며, 사람들이 찾는 지역 명소가 되었다. 슬지제빵소의 얘기다. 그런 자녀를 보며 부모는 늘 흐뭇한 웃음을 짓는다. 부모만 행복한 게 아니기 때문에 더욱 그렇다.

충북 영동에서 만난 한 분은 직장 생활을 하다 셀프 세차장이 앞으로 대세라고 생각해 퇴직 후 셀프 세차장을 차렸다. 하지만 세차장 이용 고객을 상대하는 것이 생각보다 어려워 결국 큰 손해를 감수하고 그 사업을 접었다.

이후 그는 고향인 충북 영동으로 내려와 와인 사업을 시작했다. 귀향 후 와인용 품종을 키우기 위해 재배와 더불어 와인을 배웠고, 싸게 나온 포도밭을 구입했다. 처음에는 쉽지 않았지만, 마침내 작게나마 자리를 잡게 되었고, 이후에 사업이 커지며 결혼해 독립한 아들과 며느리까지 내려와 함께했다. 그 와이너리에서 출품한 와인은 여러 대회에서 다양한 상을 받았고, 포도나무를 직접 재배하고, 와인을 생산하는 것은 물론 체험 상품까지 만들었다. 사업은 지속적으로 확대되고 있다. 시나브로 와이너리의 얘기다.

한 대기업의 중국 법인장으로 근무했던 한 분은 재직 중 한국에 없던 하미과라는 낯선 과일의 맛을 보고 매력에 푹 빠졌다. 그리고 당시에는 이 과일이 한국에 없다는 것을 발견하고, 퇴직 후 한국에서 이 과일을 키우겠다는 꿈을 갖게 되었다.

은퇴 후 고향도 아닌 충북 제천으로 내려가 지자체에서 작물 재배 교육을 받고, 작은 농장을 얻어 하미과를 재배하기 시작했다. 처음 해보는 농사도 힘들었지만, 텃세도 큰 장애물 중 하나였다. 그래서 그는 시간이 나는 대로 지역 주민의 농사를 도우며 친분을 쌓아 갔다. 결국 텃세가 아닌 도움의 관계로 발전하게 되었다. 그는 우여곡절 끝에 하미과 재배에 성공했고, 힌 백화점에서 전량을 구입하는 데까지 이르렀다.

한편 이 지역은 수박으로 유명한데, 땅에서 자라는 수박의 아랫부분이 노랗게 변색되지 않게 하기 위해서는 수박을 자주 돌려줘야 했다. 그런데 체구가 큰 그 분이 쪼그려 앉아서 하기에는 보통 힘든 게 아니었다. 그러던 중 초가집 지붕 위에서 자라는 박을 그린

동화의 그림을 떠올려 서서 재배할 수 있는 방법은 없는지 고민했다. 사람들은 게으른 농부라며 웃었지만, 그의 생각은 멈추지 않았다. 마침내 철봉으로 프레임을 만들어 그 위에서 수박을 재배하는 방법을 떠올려 성공했고 특허를 출원해 하미과 수입에 특허 수입까지 만들었다.

그에게 농사가 힘들지 않냐고 묻자, 힘들지 않은 일은 없겠지만 1년에 일하는 기간은 6개월이고, 야근도 하지 않으며, 나머지 6개월과 퇴근 후에는 지역 주민과 어울려 시간을 보내니 행복하다고 했다. 그의 표정은 하미과의 단맛보다 훨씬 달달했다. 하미농장의 얘기다.

위의 사례는 내가 진행했던 유튜브 '유브랜드'에 나온 사례다. 그 외에도 다양한 사례들이 있다. 은퇴 후 자신의 삶을 살고 있는 이들의 공통점 중 하나는 조력자가 있거나, 자신이 조력자가 되는 것이었다. 적지 않은 수입을 만들어 행복하지만, 함께할 수 있는 사람이 있어 그 행복이 훨씬 크다는 것이다.

 # 은퇴 후 재무 계획 설계하기

    은퇴 후에는 얼마의 돈이 필요할까? 2024년 10월 1일자 조선일보에는 NH투자증권 100세시대연구소가 통계청 가계금융복지조사(2022년)를 분석한 자료를 소개하고 있다. 60세 이상 전국 은퇴 가정의 평균 생활비는 월 170만 원이었다.

    연령대별 생활비는 계단식으로 감소세를 보였다. 60대에 226만 원이던 월 생활비는 70대엔 162만 원으로 줄었고, 여든이 넘으면 월 121만 원까지 줄어들었다. 은퇴하면 수입이 줄기 때문에 소비도 줄어드는데, 은퇴 전후로 소비 감소 현상이 발생해 50대 현역과 60대 은퇴자의 생활비는 월 431만 원에서 226만 원으로 48% 급감했다. 특히 세금이나 국민연금, 대출이자와 같은 비소비지출 비중이 줄어든다.

    50대 재직 시절의 실지출에서 비소비지출 비중은 32%를 차지하지만 퇴직한 60대 은퇴자의 비소비지출 비중은 전체 생활비의 23%로 줄어든다. 자세히 살펴 보면, 퇴직금으로 대출을 다 갚아 이자 상환 부담이 사라지고 노후 대비를 위한 연금 가입 등도 줄어드는 것이 원인이다.

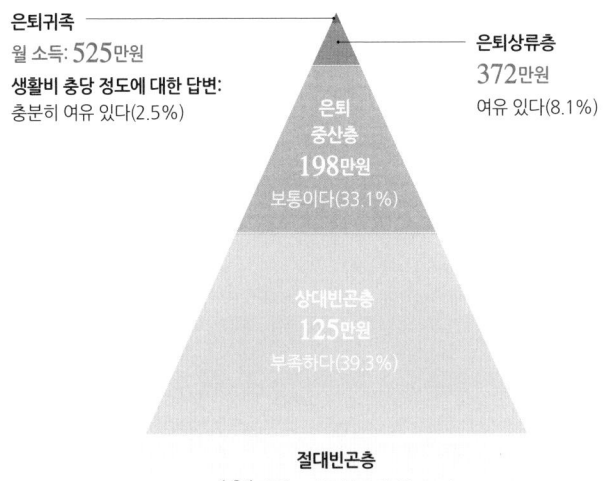

조선일보 왕개미연구소는 2024년 7월, NH투자증권 100세시대연구소와 함께 '대한민국 노후 피라미드'를 심층 조사해 기사를 작성했는데, 노후소득 피라미드를 보면, 현역 때 준비를 많이 한 사람과 그렇지 않은 사람의 월 소득이 각각 525만 원, 101만 원으로 격차가 매우 컸다.

은퇴자들의 소득 격차는 노후 소비 패턴도 극과 극으로 만든다. '생활비가 충분히 여유 있다.'라고 생각하는 은퇴 귀족층의 월 평균 지출은 449만 원에 달했다. 40~50대 재직 가정만큼 씀씀이가 크지만, 지출보다 소득(월 525만 원)이 훨씬 더 많기 때문에 가정 내 현금 흐름은 흑자 기조다.

그런데 지갑에 여유가 많은 은퇴 귀족층도 나이가 들수록 소비가 계단식으로 감소했다. 60대에 563만 원에 달했던 월 소비액은 70대가 되면 월 370만 원, 80대는 341만 원으로 줄었다. 자유롭게 이동과 경험을 하는 데 필요한 건강을 뒷받침해 주지 못해서이기도 하고, 식욕이나 소유욕도 줄기 때문이다.

일반적으로 한창 돈을 벌 때는 누구나 지갑을 여는 것이 무서운 줄 모르고 무신경하게 쓸 수 있다. 하지만 은퇴하면 수입 없이 모아둔 돈에서 써야 한다는 부담감 때문에 체감 지출액이 상대적으로 훨씬 크게 다가오게 마련이다.

'노후 자금이 매우 부족하다.'라고 생각하는 소득 하위 20%인 절대빈곤층의 은퇴 이후 경제 생활을 살펴보자. 이 계층의 월 평균 소득은 101만 원인데, 대부분 정부가 지원하는 기초연금이나 기초생활보장수급금 등 공적 수혜금과 자녀 용돈 등이 재원이다.

이들의 한 달 평균 생활비는 100만 원으로, 은퇴 귀족층 평균 지출의 5분의 1 수준이었다. 보유 자산이 없기 때문에 세금이나 이자 같은 비소비지출은 매우 미미하고, 식비와 주거비 비중이 전체 소비의 절반을 차지했다. 절대빈곤층도 은퇴 귀족층처럼 나이가 들수록 씀씀이가 줄었다. 60대에 월평균 126만 원을 썼던 사람이 70대가 되면 89만 원, 80대부터는 82만 원 정도만 지출했다.

노후 생활비는 나이가 들수록 감소하는 경향을 보이는데, 퇴직 전과 비교하면 평균적으로 50% 이상 줄어든다. 주의 깊게 생각해야 하는 것은, 노후 생활비 계획을 세울 때 의료비를 간과하면 안 된다는 것이다.

우리나라는 건강보험 제도가 잘 되어 있어 의료비가 노후 생활비에서 차지하는 비중은 평균 12% 정도다. 하지만 노년에 건강에 문제가 생기면 상황은 달라진다. 특히 거동이 어려워져 간병인 등 타인의 도움을 받아야 하는 상황이 생기면, 지출은 생각보다 훨씬 더 많이 커지기 때문이다. 당연히 가정 경제에 심각한 영향을 미치게 된다. 그만큼 심적 부담도 커지게 된다.

그래서 노후 의료비는 미리 실손의료보험에 가입해서 위험에 대한 대책을 마련하거나, 은퇴 후 작은 평수나 외곽으로 이사해 보유 자산을 늘려야 한다. 또한 개인연금과 퇴직연금 같은 사적연금으로 완충재를 만드는 것도 방법이다.

보건사회연구원 및 통계청 자료에 의하면 2025년 기준 평균 생활비는 1인 가구의 경우 월평균 130만 원~170만 원, 2인 가구의 경우 월평균 220만 원~300만 원이 필요한데 이는 기본적인 생활을 유지할 수 있는 최소 기준이다.

연령대로 평균 생활비를 살펴보면 60대는 일반적으로 건강해 활동이 많고 외출비도 높다. 60대의 1인 가구는 160만 원, 2인 가구는 270만 원이다. 70대는 일반적으로 의료비가 증가하고, 여가비는 감소한다. 70대의 1인 가구는 145만 원, 2인 가구는 250만 원이다. 80대 이상은 일반적으로 간병비와 복지서비스 비중이 크게 상승한다. 80대 이상의 1인 가구는 130만 원, 2인 가구는 230만 원이다. 1인 가구의 특징은 주거비, 관리비 등 고정비용 비율이 높고, 2인 가구의 특징은 식비와 공공요금은 나눌 수 있어 유리하지만, 의료비는 인원수만큼 늘어난다는 단점도 있다.

은퇴 후 재무 계획을 설계하기 위해서는 지출에 대해 이해하는 게 중요하다. 크게 세 가지로 나눠볼 수 있다. '**고정 지출**'은 주거비, 관리비, 통신비 등으로 고정적으로 지출하는 비용이다. '**유동 지출**'은 정기적으로 발생하지만 금액이 변동되는 지출로 식비, 교통, 여가, 용돈 등 그때그때 다르게 지출하는 비용이다. '**비정기 지출**'은 정기적이지 않고, 명절, 생일 등 특정 시점에만 발생하는 지출로, 의료비, 자동차 보험료, 간병비, 여행 등 말 그대로 비정기적으로 지출하는 비용이다.

은퇴 후 재무 계획은 먼저 '**현재의 재정 상태**'와 '**은퇴 후 생활**

비 및 필요 자금' 등 두 가지 관점에서 봐야 한다. '현재의 재정 상태'는 자산과 부채를 기준으로 파악하고, 월별 수입과 지출을 분석하면 된다. 또한 예상 은퇴 시점과 기대 수명을 고려해 필요한 자금을 계산하면 된다. '은퇴 후 생활비 및 필요 자금'은 기본 생활비(식비, 주거비, 교통비)와 추가 비용(의료비, 여행비)을 구분해 산출한다. 이때 물가 상승률을 반영해 장기적인 예산을 먼저 설정하고, 그에 맞춘 단기 계획을 수립하는 게 좋다.

주의할 점은, 위에서 말한 수치는 개인별 특성을 참작하지 않은, 말 그대로 통계다. 따라서 자신의 상황에 맞게 만들어야 한다. 자신의 건강 상태가 다르고, 거주하는 집이 자가인지 타가인지도 다르며, 자녀 수와 상황도 다르다. 따라서 이런 상황을 참작해 작성해야 한다. 아울러 앉아서 어림짐작으로 작성하기보다는 해당 연령대의 지인을 찾아가 물어보고 하는 것이 더욱더 현실적이다.

자, 이제 본격적으로 재무 계획을 세워보자. 재무 계획 수립에 가장 기본이 되는 자신의 소득과 지출을 파악하는 게 중요하다. 먼저 월 단위로 고정 소득과 변동 소득, 고정 지출과 변동 지출을 세부 항목으로 정리하고, 각 항목별 금액을 적는다.

예를 들면, '**고정 소득**'은 매월 받는 것으로, 사업 운영을 통해 받는 고정 수입, 연금, 부동산 임대 수익, 부업 소득, 자녀로부터 받는 용돈 혹은 생활비 등 정기적으로 발생하는 동일한 금액의 수입이다. '**변동 소득**'은 사업을 통해 받는 비고정 수입, 프리랜서 등으로 활동하며 생기는 수입, 주식 투자 수입 등으로 비정기적으로 발생하며 금액도 그때그때 다른 것이다.

'**고정 지출**'은 월세, 주택 대출 상환금, 인터넷, 모바일 요금, 보험료, 정기 구독 서비스 등 매달 거의 변하지 않고 반복적으로 발생하는 비용이다. 예측이 가능하고 계획을 세우기 쉽다. 수입이 줄어들어도 계속 지출해야 하는 경우가 많다.

'**변동 지출**'은 의료비, 식비, 외식비, 자동차 주유비와 주차비, 대중교통비, 쇼핑, 취미 활동, 여행 경비, 손주에게 주는 용돈 등 상황에 따라 달라지는 비용이다. 의지에 따라 조절이 가능하고, 예산을 절약하거나 조정할 때 가장 먼저 고려되는 항목이다.

〈월 평균 소득 및 지출〉을 작성할 때 애매한 항목이 있을 수 있다. 그럴 경우 어느 항목에 넣을지는 본인이 판단해야 한다. 중요한 것은, 항목을 꼼꼼하게 만들어야 한다는 것이다.

월 평균 소득 및 지출

A. 고정 소득		C. 고정 지출	
항목	금액	항목	금액

B. 변동 소득		D. 변동 지출	
항목	금액	항목	금액
소득 총액(A+B)		지출 총액(C+D)	

〈월 평균 소득 및 지출〉을 작성하니 어떤 기분이 드는가? 많은 이들은 평소에 생각하고 있던 것을 일목요연하게 정리할 기회가 되었다고 한다. 또 어떤 분들은 이렇게 세부적으로 작성해 보지 않았는데, 현실을 실감하게 된다고 한다. 두 부류의 공통점은 은퇴 전이든 은퇴 후든 거의 모든 이들은 비용을 줄여 보유 자산을 늘려야겠다고 생각하게 되었다는 것이다. 그리고 가장 큰 깨달음은 계획성 있는 수입과 지출의 중요성을 깨달았다는 것이다.

자, 다음은 〈은퇴 후 연별 재무계획표〉를 만드는 것이다. 1년차부터 10년차까지 총 10개를 적는다. 연차 날짜에 일까지 기록하는 것은, 보다 정확성을 기하기 위한 것이며, 더불어 실천 의지를 담아야 한다는 뜻이 담겨 있다. 퇴직일을 기준으로 할지, 편의상 해당 월 첫날, 혹은 다음 월 첫날로 할지는 본인이 결정하면 된다.

'연 소득 총액'의 1년차는 위에서 작성한 '월 평균 소득 및 지출 항목'을 기준으로 작성하면 된다. 물론 의지분을 담아 현실 가능한 범위 내에서 연 소득 총액은 조금 높게, 연 지출 총액은 조금 낮게 잡는 게 좋다. 그럴 경우 '연 실질 소득 총액'은 늘어나게 된다.

교육 때는 조금 더 상세적으로 작성하기 위한 연차별 일정을 월단위로 다시 세분한 표를 작성하는 시간이 있다. 이 경우 교육생 간 토론을 통해 시기별, 상황별로 매우 디테일한 계획 수립이 가능하며, 여기에서 오는 성찰도 매우 크다.

은퇴 후 연차별 재무 계획표

구분	연 소득 총액	연 지출 총액	연 실질 소득 총액

1년차
    년 월 일~
    년 월 일			

2년차
    년 월 일~
    년 월 일			

3년차
    년 월 일~
    년 월 일			

4년차
    년 월 일~
    년 월 일			

5년차
    년 월 일~
    년 월 일			

6년차
    년 월 일~
    년 월 일			

7년차
    년 월 일~
    년 월 일			

8년차
    년 월 일~
    년 월 일			

9년차
    년 월 일~
    년 월 일			

10년차
    년 월 일~
    년 월 일			

〈은퇴 후 연차별 재무 계획표〉를 작성하고 나니 어떤 마음이 드는가? 직장 생활을 하면서 많이 했던 것이다. 한 발 뒤에서 보면 자신의 삶도, 회사를 운영하는 것과 마찬가지다. 소득보다 지출이 많아 실질 소득이 낮아지면 회사를 운영하는 게 힘들 듯 자신의 삶도 다르지 않다. 중요한 것은 계획을 세웠다는 것이다. 당신은, 직장 생활을 하며 목표를 달성하기 위해 노력했던 그 열정을 가지고 있지 않은가? 그 열정 덕에 당신은 많은 성공 사례를 만들었고, 사람들에게 칭찬과 부러움을 받지 않았는가?

그 열정은 퇴직과 더불어 사라지는 것은 아니다. 이미 앞에서 당신이 살아온 삶을 정리하며, 인식하지 못했던 많은 자원을 발견했고, 이제는 열정과 자원을 활용해 당신의 삶이라는 비즈니스를 누구보다 더 멋지게 운영할 수 있다. 여전히 마음속에 잿빛 두려움이 있다면 앞에서 당신이 작성했던, 자신이 꿈꾸는 미래의 색깔과 자신에게 보내는 응원 메시지를 찾아보자. 그렇다. 당신은 그렇게 멋진 사람이고, 원하는 꿈을 반드시 이룰 수 있다.

# 직업과 재무 계획표 연결하기

은퇴하고 나면, 수입이 지출보다 많았던 재직 시절과 달리 대부분 역전 현상이 나타난다. 그리고 시간이 지날수록 그 차이는 더욱 벌어지게 된다. 게다가 자녀의 결혼 등 큰 지출이 생기고, 의료비 증가 등 지출이 커지면 그 차이는 더욱 벌어지게 된다.

대부분 통장의 잔고는 심리적 안정감, 안도감과 비례한다. 잔고가 줄어들면 경조사에 축의금, 조의금을 내는 것도 부담스러워지고, 모임도 빠지게 되며, 자존심이 상하는 것을 넘어 자괴감까지 발생할 수 있다. 결국 넓힐 수 있는 사회적 관계까지 좁히는 결과로 이어진다. 그래서 은퇴 후에 발생하는 외로움이 더 빨리, 더 커지게 된다. 그토록 꿈꾸었던 은퇴 후의 행복한 삶과는 거리가 멀어지게 되는 것이다.

한 발 뒤에서 생각해 보자. 우리는 지금까지 내가 누구인지, 은퇴 후에 어떤 삶을 살고 싶은지, 그리고 인식하지 못했던 자원이 무엇인지 살펴봤고, 또 은퇴 후 원하는 삶을 살기 위한 방법 중 하나로 직업까지 선정했다. 또한 〈은퇴 후 연차별 재무 계획표〉까지 세웠다. 막연했던 은퇴 후의 삶을 어떻게 살아야 할지 윤곽이 그려졌을 것이다. 우리는 더 나아가 더 디테일한 계획을 세울 것이다.

　주변을 보면 여전히 무엇을 할지 몰라 헤매는 사람을 어렵지 않게 볼 수 있다. 누구나 다 행복한 은퇴 후의 삶을 꿈꾸지만, 막연한 이상으로만 치부하는 경향이 크다. 하지만 우리는 그것을 현실로 만들 수 있는 방법을 찾아냈다.

　이제, 지금까지의 여정을 바탕으로 선정한 직업과 재무 계획을 연계할 것이다. 먼저 은퇴 후 5년을 기준으로 〈은퇴 후 연차별 5년 사업 재무 계획표〉를 만들어 보자. 너무 길면 현실성이 떨어진다. 5년 후에 다시 이 표를 작성하면 된다. 물론 5년 동안 그대로 수정하지 않고, 작성한 재무 계획을 고수할 필요는 없다. 필요에 따라 수정하면 된다. 다만, 너무 큰 폭으로 수정하는 것은 지양해야 한다.

　앞에서 작성한 〈은퇴 후 연차별 재무 계획표〉는 비교적 긴 기간을 대상으로 한 의지분이지만, 지금 작성할 표는 창업, 창직 등 직업과 관련해 목표를 정하는 것이다. 물론 아직 사업을 시작하기 전이니 의지분도 반영된다.

　먼저 해당 기간을 적는다. 마찬가지로 실행력과 의지를 강화하기 위해 일까지 작성하는 것이 좋다. 그리고 1년 차부터 5년 차까지 연차별 '목표 소득 총액'을 작성한다. '목표 소득 총액'에서 '목표 지출 총액'을 빼면 '목표 실질 소득 총액'이 된다. '목표 실질 소득 총액'은 사업과 관련된 부분만 해당되기 때문에 앞에서 작성한 〈은퇴 후 연차별 재무 계획표〉 중 '연 실질 소득 총액'과 견주어 그 이하가 되는 게 맞다. '사업 소득' 외에 '고정 소득'과 '변동 소득'이 있기 때문이다.

여기까지 완성이 되었다면, 다시 〈은퇴 후 연차별 재무 계획표〉로 돌아가 소득 항목에 사업 소득을 넣어야 한다. 고정 소득으로 할지, 변동 소득으로 할지는 본인이 정하면 된다.

주의할 것은 너무 과도하게 잡으면 안 된다는 것이다. 다시 강조하지만, 현실성을 바탕으로 작성해야 한다. 작성한 금액은 기준점이 되어 수입을 늘리고, 지출을 줄여 목표 실질 소득 총액을 달성하는 힘이 되기 때문이다.

은퇴 후 연차별 5년 사업 재무 계획표

구분	목표 소득 총액	목표 지출 총액	목표 실질 소득 총액
1년차 　　년　월　일~ 　　년　월　일			
2년차 　　년　월　일~ 　　년　월　일			
3년차 　　년　월　일~ 　　년　월　일			
4년차 　　년　월　일~ 　　년　월　일			
5년차 　　년　월　일~ 　　년　월　일			

〈은퇴 후 연차별 5년 사업 재무 계획표〉를 작성해 보니 어떤 기분이 드는가? 두 개의 표를 번갈아 보며 작성해야 하니 시간도 오래 걸리고, 그에 따라 생각의 깊이도 커졌을 것이다. 연차가 높아지며 목표 실질 소득 총액은 높아질 수도 있고, 낮아질 수도 있다. 큰 문제는 아니다. 중요한 것은 그 목표를 달성하겠다는 의지다. 그리고 필요하다면 그때그때 수정하면 된다.

위의 두 표를 완성한 후에는 연차별로 월별로 구성하면 훨씬 체계적이다. 재직 시 월급을 기준으로 살아왔기 때문에 월 단위가 업무 진행과 결과 확인이 익숙한 것도 있지만, 실제로 거의 모든 게 월 단위로 운영되기 때문이다. 다 작성했다면 크게 프린트해서 벽에 붙여 놓자.

강의 때 만난 한 분이 맛집이 있다며 함께 식사하자고 했다. 그 분이 내 강의를 들은 지 약 9개월 정도 지났기 때문에 어떻게 지내는지도 궁금해 기쁜 마음으로 향했다. 약속 장소에 가보니 그 분 외에 한 분이 더 있었다. 그 분과 함께 강의를 들었던 분이었다. 두 분은 서로 파트너라고 했다.

내게 전화를 한 분은 건축 분야에서 퇴직한 분이었는데, 〈은퇴 후 연차별 재무 계획표〉를 만들고 후에 더 깊이 생각해 보완하라는 말에 강의 시간에 만든 걸 집에 가지고 가서 아내와 함께 수정하고 또 수정했다고 했다. 그리고 A3 용지에 프린트 해 거실에 붙여 놓았다고 했다.

그러던 중 앞에서 말한 파트너 한 분이 집에 놀러 왔다가 그걸 보고, 함께 동업하자는 제안을 했다는 것이다. 그 분은 건축자재 회사에서 은퇴했고, 맡은 분야는 영업이었는데 분야도 비슷해 함께하면 시너지가 날 것이라고 했다는 것이다. 그리고 두 분은 이후에 몇 번 더 만나며 진심과 가능성을 확인했고, 마침내 동업하기로 했다는 것이다. 그 분들의 표현을 빌리면 비록 두 사람이긴 하지만 도원결의를 했다는 것이다.

그리고 두 분의 각자의 사업 계획의 연계점을 찾아 사업 모델을 만든 후 〈은퇴 후 연차별 5년 사업 재무 계획표〉를 월 단위까지 만들었다고 했다. 꼬박 사흘이 걸렸다고 했다. 그리고 그렇게 만들고 나니 새로운 것을 깨달았다고 했다.

첫 번째는 목표를 달성하기 위해서는 기존 수입 항목으로는 부족했다는 것이다. 그래서 아이디어를 모으니 다양한 방법이 새롭게 생겼다는 것이다.

윗 문단으로 올리기 하나는 항목을 먼저 적고 항목별 금액을 적었는데, 거꾸로 목표 금액을 먼저 작성하고 그 목표 금액을 달성하기 위해 다양한 방법을 찾으니 새로운 소득 항목이 생겼다는 것이다.

그리고 함께한 지 7개월 만에 첫 거래처를 만들었는데, 추가 아이디어로 만든 항목이라고 했다. 두 분은 연신 제 강의 덕이었다며 감사하다고 했지만, 오히려 제가 두 분의 사례에서 배운 게 컸다고 했다. 서로 밥값을 내겠다며 다투는 기분 좋은 경험을 할 수 있었다.

결국 중요한 것은 의지다. 목표만 설정하고 실행하지 않으면 목표는 아무런 의미가 없다. 그리고 꾸준히 실행하기 위해서는 무엇보다 자신의 의지가 중요하다. 두 분은 함께할 수 있어 너무나 든든하고 그래서 앞으로의 삶이 기대된다고 했다. 두 분은 조만간 자녀를 동반해 가족 워크숍을 갈 계획이라고 했다.

당신은 지금까지 오랜 길을 걸으며, 적잖은 시간을 보냈다. 꽤 시간이 오래 걸리는 표를 하나하나 작성하며 정말 몰두하고 몰두했다. 그렇게 사업 계획도 세우고 재무 계획도 세웠다. 이제 남은 건 하나다. 의지.

VIII

프로세스 5
의지

의지(意志)의 사전적 의미는 '어떠한 일을
이루고자 하는 마음', '선택이나 행위의 결정에 대한
내적이고 개인적인 역량'이다.
의미를 현실로 만들어 가는 과정이다.
굳건한 의지가 있어야 꿈을 확실하게 그리고
빠르게 이룰 수 있다.

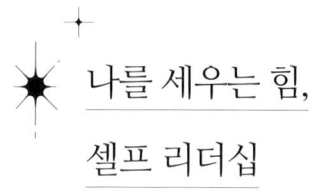

나를 세우는 힘, 셀프 리더십

토머스 에디슨, 마이클 조던, J.K. 롤링, 스티브 잡스, 넬슨 만델라의 공통점은 무엇일까? 바로 높은 의지를 바탕으로 실행해 성공했다는 것이다. 이들은 다른 사람과 다른 특별한 사람일까? 그렇지 않다. 목표를 세우고, 의지를 다지고, 구체적으로 실행했다는 점은 동일하다. 하지만 차이가 있다면 많은 고난과 역경 속에서도 굳건한 의지를 바탕으로 실행했다는 점이다. 실행은 단 한 번으로 끝나면 안 된다. 지속적인 실행을 하기 위해서는 의지가 무엇보다 큰 역할을 한다.

토머스 에디슨은 전구를 발명하기 위해 1,000번 이상의 실패를 경험했지만 포기하지 않고 계속 실험을 반복하여 결국 성공을 이루었다. 마이클 조던은 고등학교 시절 농구팀에서 탈락한 경험이 있었지만, 끊임없는 연습과 노력으로 NBA 역사상 가장 위대한 선수 중 한 명이 되었다. J.K. 롤링은 무려 열두 개의 출판사로부터 해리 포터 시리즈의 원고를 거절당했지만, 포기하지 않고 계속 글을 써서 결국 세계적인 베스트셀러 작가가 되었다. 스티브 잡스는 자기가 만든 회사인 애플에서 쫓겨난 후에도 넥스트(NeXT)와 픽사(Pixar)를 성공적으로 이끌었으며, 이후 애플로 복귀하여 아이폰과 아이패드 같은 혁신적인 제품을 출시하며 애플을 세계적인 기업으로 성장시켰다. 넬슨 만델라는 남아프리카 공화국의 인종차별 정책을 종식시키기 위해 27년간 감옥에 갇혀 있었지만 포기하지 않고 민주화를 이끌어 냈다.

타인의 성공 사례를 보며, "나도 그 생각했었는데"라는 말을 많이들 한다. 그건 곧 생각만 하고 실행하지 않았다는 뜻이다. 한마디로 실행 의지가 없었다는 것이다. 인간은 누구나 다 고난이 있고 시련이 있다. 거기에서 멈추면 고난과 시련 가운데 머무는 것이고, 의지를 갖추고 실행해 극복하면 고난과 시련은 지난 과정이 되며, 앞으로 마주할 고난과 시련을 이겨낼 자원이 된다. 그 중심에는 '나'라는 존재가 있다. 실행의 주체도, 의지의 주체도 자신이며, 그래서 성공도 자신의 것이 되는 것이다.

1986년 미국의 경영학자 찰스 맨즈(Charles C. Manz)는 셀프 리더십이라는 개념을 제안했다. 찰스 맨즈는 기존의 위계적이고 통제 중심의 리더십 방식에 대해 의문을 제기하며, 구성원들이 스스로 자신에게 동기를 부여하고 자기 관리를 할 수 있다면 리더의 역할은 어떻게 달라져야 하는지에 대해 탐구했다. 이 과정에서 셀프 리더십은 단순한 자기 관리(self-management)를 넘어, 자기 자신에게 리더십을 발휘하는 능력으로 정의되었다.

바꾸어 말하면, 다른 사람에 대해 영향력을 행사하는 것이 아니라 스스로 자신이 나아가야 할 방향을 설정하고 자기 자신을 통제하면서 자신을 이끌어 가는 것이다.

셀프 리더십은 X 이론이 아닌 Y 이론의 관점을 전제로 한다. X-Y 이론은 경영학자인 더글라스 맥그리거(Douglas McGregor)가 그의 저서〈The Human Side of Enterprise〉에서 인간관을 동기부여의 관점에서 분류한 이론이다. 그는 전통적 인간관을 X 이론으로, 새로운 인간관을 Y 이론으로 지칭했다. X 이론은 인간은 본래 일하기를 싫어하고 지시받은 일밖에 실행하지 않는다는 것을 전제로 한다. 그래서 경영자는 금전적 보상을 유인으로 사용하며 엄격한 감독, 상세한 명령으로 통제를 강화해야 한다.

Y 이론은 인간에게 노동은 놀이와 마찬가지로 자연스러운 것이며, 인간은 노동을 통해 자기의 능력을 발휘하고 자아를 실현하고자 한다는 것을 전제로 한다. 그래서 경영자는 자율적이고 창의적으로 일할 수 있는 여건을 제공해야 한다는 것이다.

그래서 Y 이론의 관점인 셀프 리더십에서 보는 사람은 기본적으로 책임을 회피하기보다 책임을 지려는 경향이 있고, 문제해결을 위한 창의력과 자율적 통제를 위한 역량을 갖추었으며, 자아실현의

욕구와 같은 고차원적인 욕구에 의해 동기부여가 되는 존재라는 것이다.

셀프 리더십은 자기 관리(self-management)를 포함하는 보다 상위 수준의 개념으로, 자기 관리는 해야만 하는 행동 자체에 초점을 두는 반면, 셀프 리더십은 그러한 행동을 해야 하는 이유를 찾는다. 예를 들어, 금연과 금주가 자기 관리 차원이라고 한다면 셀프 리더십은 금연과 금주를 하고 싶은 이유가 무엇인지 찾는 것에서 출발한다. 이처럼 셀프 리더십은 주어진 기준을 충족시키는 것보다는 더 높은 수준의 기준을 고려한다.

또한 셀프 리더십은 내재적 동기부여의 역할을 강조한다는 점에서도 자기 관리와 차이를 보인다. 자기 관리가 과업 자체보다는 과업 달성 이후에 받게 되는 보상에 의해 촉진된다면 셀프 리더십은 과업 자체를 수행하는 과정에서 파생되는 내재적 보상을 중요하게 여긴다. 예를 들면, 셀프 리더십은 업무를 수행하면서 느끼게 되는 유능감이나 목적의식 등을 강조한다.

직장 생활을 할 때는 아무래도 대부분 자기 관리와 X 이론의 성격이 강했다. 하지만 직장을 그만두고, 자기 삶을 관리하는 것은 Y 이론의 관점인 셀프 리더십이 상당히 강해져야 한다. 타인을 위해서 사는 삶이 아닌 나 중심인 삶을 살아야 하고, 그 삶에 오롯이 주인공으로 살아야 하기 때문이다. 지금까지 온 과정도 결국은 셀프 리더십 기반의 나 중심의 삶을 위한 여정이다.

점수는 낮아도 상관 없다. 은퇴 준비를 하는 당신의 셀프 리더십은 100점 만점에 몇 점인가? 그 점수는 어떤 상태인가? 현재의 점수를 몇 점까지 높이고 싶은가? 그 점수는 어떤 상태인가? 현재와 목표, 두 점수의 차이를 인식하는 것은 셀프 리더십을 높일 수 있는 출발점이 되며, 점수를 높이기 위해 세우는 실행 계획은 목표를 이루는 마법의 양탄자이다. 실행 계획을 꼼꼼히 세워보자.

 # 나를 브랜드로, 자기 브랜딩

우리는 브랜드의 세상에서 살고 있다. 먹는 것, 보는 것, 입는 것 모두 브랜드다. 브랜드의 사전적 의미는 '사업자가 자기 상품에 대하여, 경쟁업체의 것과 구별하기 위하여 사용하는 기호·문자·도형 따위의 일정한 표지'로, 자기 회사의 제품을 다른 회사의 제품보다 돋보이게 하여 경쟁에서 유리한 위치에 서려는 마케팅 전략이기도 하다.

자, 그럼 브랜드를 자신에게 대입해 보자. 당신은 브랜드를 가지고 있는가? 업무 추진력이 강한 불도저? 틀린 것을 기가 막히게 찾아내는 매의 눈? 구성원들을 포용하고 잘 이끄는 맏형? 이게 브랜드일까? 적어도 사내에서는 브랜드일 수는 있다. 그런데 은퇴 후에 대해야 할 브랜드의 대상은 사내가 아닌 더 넓은 세상이다.

퍼스널 브랜드는 나를 알리기 위한 이미지와 가치이며, 타인이 그것을 인정해 줄 때 비로소 인정받는 브랜드가 되는 것이다. 이것을 구체화하는 것이 브랜딩이다. 자기 브랜딩(Self-Branding)은 자신의 고유한 이미지와 가치를 구축하여 타인에게 인식시키는 과정으로, 경쟁이 치열한 시대에서 자신을 돋보이게 하는, 매우 중요한 역할을 한다. 이렇게 자기 자신을 브랜드로 삼아 전개하는 퍼스널 브랜딩 작업이 셀프 브랜딩이다.

　자기 브랜딩을 효과적으로 하기 위해서는 몇 가지 요소가 필요하다. 먼저 자신의 강점을 파악하는 것이다. 자신만의 전문성과 경험을 명확하게 정의해야 한다. 그리고 일관된 메시지를 전달해야 한다. SNS, 블로그, 대면 미팅 등을 활용하여 일관된 브랜드 이미지를 구축하는 것이다. 자신을 알리기 위해 SNS, 블로그 등을 적극 활용해야 하는 이유다. 만일 하고 있지 않다면 당장 계정을 만들어야 한다.

　다음은 지속적인 성장이다. 단순한 자기 홍보가 아니라, 꾸준한 학습과 발전을 통해 신뢰를 쌓아야 한다. 대외적으로 한 분야의 전문가처럼 그럴싸하게 소개하고 홍보하지만 정작 자신이 그런 능력이 없다면 거짓말을 하는 것이다. 경쟁력을 갖추기 위해서는 분명한 능력과 자질을 갖춰야 한다.

　우리는 지금까지 긴 길을 걸어왔다. 간단히 살펴보자. 우리는 각자 은퇴에 대한 감정과 이유 그리고 원인을 살펴보며 부정적인 감정과 정면으로 마주해 그 안에 있는 나를 발견했다. 또한 지금까지 만든 성공 경험을 통해 간단히 자산을 살펴보고, 그런 자신에 대한 응원 메시지도 만들었다. 그리고 정말 자신이 원하는 삶은 무엇인지 살펴봤다. 지금까지 전혀 인식하지 못했던 자신을 만나는 시간이었다.

은퇴와 더불어 인맥이 단절된다는 우려와 달리 진짜 인맥을 찾을 수 있었고, 2차, 3차 인맥 확장의 원리를 통해 생각보다 많은 인맥을 분야별로 정리해 인적 자원을 만들었다. 또한 내가 아는 나와 타인이 아는 나를 통해 자신을 객관화했으며, 성공 사례와 실패 사례에서 나만의 자원을 찾았다. 또한 남들이 없는 나만의 재능 자원도 찾았다.

그리고 구체적인 직업을 찾기 위해 관심 있는 분야와 잘하는 분야, 즐길 수 있는 분야를 정리했고, 이를 바탕으로 공통 분야, 세부 분야, 특정 분야로 정리했으며, 다시 특정 분야에서 핵심 특정 분야를 정리하며 구체적인 직업을 정했다. 더불어 이 직업을 보다 더 잘하기 위한 조력자 등 다양한 조건과 그에 필요한 대책도 찾았다. 마지막으로 은퇴 후 재무 계획표를 작성했고, 이를 다시 직업과 연계해 꼼꼼한 재무 계획표까지 만들었다.

한 권의 책이지만, 꽤 많은 시간과 노력을 쏟아 부었다. 지금까지 이 책과 함께한 시간은 인생 전반의 성찰이며, 지난 경험과 경력에서 원하는 미래를 현실로 만들기 위한 나만의 자원을 찾는 시간이었다. 그리고 중요한 것은 지금까지 그랬든 앞으로도 누구보다 잘 할 수 있는 자신을 발견한 것이다.

이제 남은 것은 이를 구체화하기 위해 세상에 자신을 알리는 것이다. 이 작업을 구체화해 보자. 먼저 지금까지 추출한 모든 자원을 담아보자. 그리고 하나의 문장으로 자신의 브랜드를 만드는 것이다.

퍼스널 브랜드 네이밍을 하는 데는 크게 다섯 가지 필수 요소가 있다. 첫 번째는 고유성이다. 다른 사람과 구별이 되어야 한다. 두 번째는 자기 퍼스낼리티다. 자신의 특징과 역량을 반영하는 것이다. 세 번째는 전달력이다. 쉽고 정확하게 자신의 브랜드 매시지가 전달되어야 한다. 네 번째는 기억하기 쉬워야 한다. 단순하고 직관적이면 각인력이 높아진다. 마지막 다섯 번째는 유연성(확장성)이다. 계획과 상황에 맞게 다양하게 변경할 수 있어야 한다.

이를 기반으로 자신의 핵심 가치, 핵심 서비스, 고객에게 줄 수 있는 가치 또는 결과물, 정확한 대상을 활용하면 좋다. 구체화할 때는 형용사와 명사를 조합할 수도 있고, 재치 있는 단어로 포장할 수 있다. 또한 차별화와 대중화를 위해 검색 엔진을 충분히 활용하면 많은 정보와 힌트를 얻게 된다.

이 프로세스를 기반으로 만든, 강사 겸 코치, 작가인 나의 예를 소개한다. 내가 정리한 나의 퍼스낼리티는 '나는 잡지 기자, 편집장, 임원으로 근무하며 쌓은 콘텐츠 기획 및 제작 경험을 기반으로 스스로 주도적인 삶을 영위하기 원하는 고객을 도와 자기 인식을 바탕으로 셀프 리더십을 발휘하고 자신의 고유 강점을 활용해 경험과 경력을 자원으로 활용하게 만드는 코치'다. 이를 바탕으로 한 문장으로 정리하면 '성공적인 은퇴 준비를 돕는 경험 경력 자원화 코치'다.

이 문장은 나의 명함에도 새겼다. 나는 명함을 건넬 때 손가락으로 이 문장을 가리키고 읽는다. 상대는 나의 손가락을 텍스트를 보며 나의 목소리를 듣는다. 귀와 눈으로 확인하는 것이다. 생각해보자. 최승영 코치보다 '성공적인 은퇴 준비를 돕는 경험 경력 자원화 코치'가 훨씬 강력하지 않은가? 이렇게 나를 각인시키고 나면 이 분야의 전문가가 되는 것이고, 나 자신도 더 훌륭한 전문가가 되기 위해 끊임없이 노력하게 된다.

퍼스낼리티 & 퍼스널 브랜드	
나의 퍼스낼리티	
나의 퍼스널 브랜드	

 나는 진심으로 원하는가?

성균관대 한문학과 장유승 교수가 경향신문에 기고한 칼럼에 따르면, '작심삼일(作心三日)'의 유래는 '고려공사삼일(高麗公事三日)'로 알려져 있다. 고려의 공무는 사흘밖에 못 간다는 말이다. 고려 말 사회 혼란이 극심해지면서 정책이 일관성을 잃고 시행과 폐지를 반복한 탓이라고 한다.

조선으로 들어와 '고려공사삼일'이 〈태종실록〉에 처음 등장하는데, 일관성이 없는 것은 조선도 마찬가지였던 것 같다. 세종대왕도 '처음에는 부지런하지만 결국 게을러지는 것이 우리나라 사람의 고질병이다. 고려공사삼일이라는 속담은 빈말이 아니다.'라고 지적했다고 한다.

지금까지 우리는 깊은 성찰을 바탕으로 체계적인 계획을 수립했다. 그런데 이 계획이 작심삼일로 끝난다면 지금까지 한 노력은 무용지물이 되는 것이다. 계획대로 실천하겠다는 의지는 꿈과 계획이 반드시 성공할 것이라는 확신에서 나온다. 확신이 없으면 의지는 힘을 잃는다.

〈서경〉'대우모'편에 '의모물성(疑謀勿成)'이라는 말이 나온다. '의심스러운 계획은 성공하지 못한다.'는 뜻이다. 즉, 계획을 세우는 단계에서부터 실천 가능성이 의심스럽다면 그 계획은 성공하기 어렵다는 뜻이다. 우리는 지금까지 곱씹고 곱씹어 자신을 만나고, 자신만의 고유한 자원을 추출했으며, 꿈꾸는 삶의 목표를 정했고, 이를 이루기 위한 직업과 재무 계획까지 세웠다. 그런 당신은 대단한 사람이다.

한 발 뒤에서 보자. 계획한 대로 진행된다면 얼마나 행복하겠는가? 하지만 반드시 계획대로 진행되지 않을 수도 있다. 생각하지 못한 대외적 장벽이 생길 수 있고, 의지가 약해 추진력을 잃는 대내적 허들도 생길 수 있다. 중요한 것은, 두 변수 모두 자신의 의지가 매우 중요한 역할을 한다는 것이다. 성공하는 사람은 방법을 찾고, 실패하는 사람은 핑계를 찾는다. 앞을 가로막는 상황에서 당신은 방법을 찾겠는가? 아니면 핑계를 찾겠는가? 한 번뿐인 인생인데 핑계 찾기에만 급급해 꿈을 저버린다면 평생 후회가 가득한 삶을 살 것이다.

갈 길을 정했다면 목표를 이루기 위해 마음을 다잡아야 한다. 지금까지 살아오며 많은 사람이 불가능하다고 할 때도 자신의 생각을 믿고 행동으로 옮겨 성공을 만든 사람은 바로 당신 아닌가? 그런 당신은 핑계가 아닌 방법을 찾는 사람이다. 자신을 위한 응원 메시지를 열 번 읽어 보자. 당신은 반드시 이루고 마는 사람이다.

# 숫자로 구체화하는 실행 계획

구체적인 직업과 재무 계획 그리고 본격적인 실행을 위한 마음 다짐까지 끝났다. 이제 구체적으로 실행 계획을 세워야 한다. 실행 계획은 크게 '목표', '단계별 계획', '실행 및 조정', '검토 및 피드백 반영' 순으로 진행하면 된다. 재직 시절 많이 했던, 너무나 익숙한 프로세스다.

'**목표**'는 무엇을 이루고 싶은지 명확하게 정의해야 한다. 목표는 구체적이고 측정 가능하며 달성 가능해야 한다. 예를 들어 '6개월 안에 거래처 20곳 발굴' 같은 방식으로 설정할 수 있다.

'**단계별 계획**'은 이 목표를 이루기 위한 방법을 세부적으로 나누는 것이다. 각각의 단계에 대해 기한을 설정하고 실행 방법을 구체적으로 정리하는 것이다. 예를 들어 '2주 안에 회사 소개서와 SNS 계정 만들기', '하루 10명과 통화하기', '1주일에 10명 만나기' 식으로 작성하면 된다.

'**실행 및 조정**'은 계획을 실행하면서 필요한 조정을 하는 것이다. 장애물이 발생하면 해결 방법을 찾아 적용하고, 진행 상황을 모니터링하며 효과적인 전략을 수립하는 것이다. 예를 들어 '1주일에

10명 만나기'가 빠듯하다면 줄일 수 있고, 여유가 있다면 늘리거나 다른 단계별 계획을 추가하면 된다.

마지막으로 **'검토 및 피드백 반영'**은 표에는 없다. '목표'부터 '검토 및 조정'까지 진행한 후에 하는 것이다. 일정 기간이 지난 후에 실행 결과를 검토해 부족하거나 잘못된 부분을 보완하고 〈실행 계획〉표에 반영하는 것이다. 중요한 것은 계획이 지속해서 발전할 수 있도록 수정하고 최적화해야 한다는 것이다. 너무 느슨한 계획보다는 의지분이 어느 정도 반영되어야 한다.

	실행 계획표	
목표	단계별 계획 / 기한	실행 및 조정

작성해 보니 어떤가? 목표가 생각보다 많고, 그에 따른 단계별 계획도 마찬가지였을 것이다. 아마 표 작성을 마친 지금도 생각이 지속적으로 확장되는 것을 느낄 것이다. 앞에서부터 생각하고 성찰하는 시간이 많았으니 그런 상황은 당연하고, 또 의욕이 불타오르니 아주 세심한 부분까지 생각이 확장되는 것이다.

표를 작성하며 '이 많은 걸 혼자 할 수 있을까?' 하는 걱정이 생길 수도 있었을 것이다. 그래서 당신의 인맥을 활용해야 한다. 조력자가 함께한다면 훨씬 효율적으로 진행할 수 있다. 그 조력자에게도 같은 혜택이 있다. 처음부터 너무 무리할 필요는 없다. 1단계, 2단계, 3단계 이런 식으로 단계를 만들고, 각 단계별 목표와 단계별 계획, 실행 및 조정을 추가하면 된다.

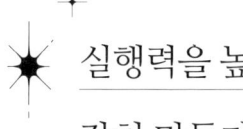
실행력을 높이는
장치 만들기

앞에서 구체적인 실행 계획을 세우고 나니 어떤 기분이 드는가? 아마도 자신감도 붙고 빨리하고 싶은 마음도 들 것이다. 하지만 의욕만 앞서다가는 쉽게 지칠 수 있으니, 조급함을 버리고 꾸준히 실행력을 높이는 것이 중요하다. 실행력을 높이기 위해서는 습관 형성, 동기부여, 환경 개선을 위한 도구나 시스템을 활용하면 큰 도움이 된다. 몇 가지 방법을 살펴보자.

첫 번째는 행동 트리거 시스템을 구축하는 것이다. 스케줄표에 맞게 알람 등 리마인드 장치를 해 놓으면 편하다. 예를 들어, 기록한 계획 10분 전에 알람을 하는 것은 매우 효과적인 방식이다. 스마트폰 포털 앱에는 스케줄에 맞게 원하는 시간 전에 알람을 울리게 하는 기능이 있다. 포털 앱이 아니더라도 스케줄 관리 앱은 많이 있다. 중요한 것은, 스케줄을 너무 빈틈이 없이 빼곡하게 잡으면 안 된다는 것이다. 의욕도 좋지만 앞 스케줄이 늘어지면 다음 스케줄을 미루게 되고, 그러다 미루는 게 습관이 될 수 있기 때문이다.

다음은 물리적 환경을 설정하는 것이다. 주변 환경이 너무 복잡하면 시선이 분산되어 집중하기 힘들다. 그래서 가급적 주변을 깔끔하게 정돈하고, 중요한 내용을 포스트잇에 적어 눈앞에 붙이거나, 관련된 물건을 주변에 놓는 것도 좋은 방법이다.

다음은 자동화 시스템을 활용하는 것이다. 생산성을 높이는 앱을 활용해서 해야 할 일을 정하고, 필요하다면 함께 일하는 사람 혹은 유관자와 연계해 자동 연동 알림이나 진척도를 공유할 수도 있다. 특히 반복 작업을 자동화하면 불필요한 에너지를 줄이고 생산성을 높일 수 있다. 온라인 사용이 힘들다면, 대면 미팅을 정기적으로 하면 된다. 대면 미팅을 미루면 습관이 되니, 우선 순위의 상위에 두어야 한다.

그 다음은 보상 시스템을 구축하는 것이다. 중요한 것은 이 과정은 습관을 만들기 위한 것임을 분명히 인식해야 한다. 그래서 작은 목표를 설정하고, 그에 따른 보상을 하는 것이다. 작은 성공이 큰 성공을 이루게 되고, 작은 습관이 효율적인 프로세스로 발전할 수 있기 때문이다. 예를 들면, 2시간 집중 근무 후 산책을 하거나, 목표를 달성할 때 자신이나 조력자에게 작은 선물을 전달하는 것도 실행력을 높이는 데 도움이 된다.

마지막으로 실행 트래커를 만드는 것이다. 중요한 스케줄은 물론, 자신이 하기로 한 루틴한 일상 계획도 실행 여부를 기록하는 것이다. 이를 바탕으로 일주일, 한 달 등의 단위로 점검하며, 자신이 얼마나 실행력이 높은지 확인하고, 만일 실행하지 않는 게 다른 이유라면 그 원인을 파악해 수정할 수 있다.

IX

중년의
창업 창직을 위한
각종 지원

'내 사업'이라는 꿈을 이루기 위해서는
자신만의 자원을 활용하는 것보다 지원 정책을
꿰차고 있으면 훨씬 효율적이다.
인구수 대비 중년의 비율이 높아지고,
기대수명도 높아지며 중년을 위한 다양한 창업 창직 지원이
계속 만들어지고 있다. 꼼꼼히 살펴보면, 분명 힘이 된다.

중년 재취업, 건강 및 생활, 생애 설계 지원 정책

우리나라가 2024년 12월 23일 기준으로 국내 65세 이상 주민등록 인구가 전체 주민등록 인구의 20.0%를 돌파하며 초고령사회에 진입했다. 초고령화사회는 전체 인구 중 65세 이상의 고령인구 비율이 20% 이상인 사회를 이야기한다. 인구 다섯 명 중 한 명이 노인이라는 뜻이다. 2040년에는 65세 이상 비율이 3명 중 1명(31.6%)까지 치솟을 것으로 전망했다.

서울시는 2025년 5월 26일 초고령사회 대응 종합계획 〈9988(99세까지 팔팔하게) 서울 프로젝트〉를 발표했다. 이 프로젝트는 지역 중심 돌봄·건강 체계 강화, 경제적으로 안정적인 노후생활 보장, 어르신의 사회 참여 및 여가·문화 활성화, 고령친화적 도시 환경 조성 등 4대 분야 10개 핵심과제로 구성된다.

이를 위해 2040년까지 중장기적으로 추진하며 내년 4,900억 원을 시작으로 2030년까지 5년간 총 3조4천억 원을 투입할 예정이다. 비단 서울시만 해당되는 것은 아니다. 각 지자체에서도 이런 계획을 수립하고, 추진하고 있다.

한 발 뒤에서 보면 노인층이 많아진다는 것은 곧 정부가 이들을 위해 다양한 정책을 수립하고 추진한다는 뜻이다. 게다가 기대수명이 높아지니 더 많은 예산도 투입하게 될 것이다. 중요한 것은 이들은 예전의 힘 없는 노인이 아닌, 여전히 능력이 있고, 재력과 인적 네트워크가 많다는 특성을 지녔다는 것이다. 결국 생활비 보조 등의 지원이 아닌, 각자가 지닌 능력을 활용할 수 있도록 해야 한다는 것이다.

그렇다면 도움이 될 수 있는 마중물은 어떤 게 있을까? 중년 재취업, 건강 및 생활, 생애 설계 지원 정책을 알아보자. 정부와 여러 기관에서는 중년층(주로 40대 후반부터 60대 초반까지의 신중년)의 안정적인 노후와 활발한 사회 활동을 지원하기 위해 다양한 정책을 시행하고 있다. 주요 지원 정책은 다음과 같다.

먼저 '일자리 및 재취업 지원'을 살펴보자. 〈신중년 적합 직무 고용장려금〉 제도는 만 50세 이상 구직자를 신중년 적합 직무에 채용하는 사업주에게 인건비를 지원하는 제도로, 2023년 기준 우선지원대상기업은 월 80만 원, 중견기업은 월 40만 원을 최대 1년간 지원받을 수 있다.

〈고령자 계속고용장려금〉은 정년에 도달한 근로자를 정년 이후에도 계속 고용하는 제도를 운영하는 사업주에게 비용의 일부를 지원하는 것이다. 계속 고용된 근로자 1인당 월 30만 원씩 최대 2년간 지원된다.

〈고령자 고용안정 지원금〉은 60세 이상 근로자를 업종별 지원기준율을 초과해 고용 시(고용기간 1년 이상) 1인당 분기 27만 원을 지원한다.

〈국민취업지원제도〉는 중장년층의 취업을 지원하기 위한 제도로, 먼저 1:1 맞춤형 취업 상담을 제공한다. 상담사를 통해 개인의 직업 경험과 기술을 파악하고, 이에 맞는 직무를 매칭하고, 이를 통해 취업 준비에 도움을 준다. 이를 통해 자신에게 맞는 일자리를 찾을 수 있도록 체계적인 도움을 받을 수 있다. 또한 취업활동비용 지원을 받을 수 있는데, 중장년층 구직자에게는 취업을 위한 기본적인 생활비를 보조하는 취지로, 최대 월 284,000원을 6개월간 지원한다. 구직자들이 재정적 부담 없이 구직활동에 집중할 수 있도록 하기 위해서다.

그 외에 직업훈련 프로그램도 받을 수 있다. 중장년층 구직자의 재교육과 기술 강화에 초점을 맞춘 것으로, IT 역량 강화, 경력전환 훈련 등의 프로그램을 통해 중장년층이 변화하는 시장의 요구에 부응할 수 있도록 돕는다. 인기 있는 프로그램은 디지털 기술 교육과 데이터 분석 기초 과정 등이다.

온라인과 오프라인 모두 신청이 가능하며, 온라인은 국민취업 지원제도 공식 홈페이지(www.kua.go.kr)에서, 오프라인은 가까운 고용센터에서 할 수 있다. 대상자는 중장년층으로, 일정 소득 이상을 가지고 있거나 특정 취약계층이 아닐 경우 신청이 가능하다. 따라서 신청 전 자신의 자격 요건을 점검하는 것이 필요하다.

지금부터는 기관별로 알아보자. '중장년내일센터(구 중장년일자리희망센터)'는 만 40세 이상 중장년을 대상으로 생애경력설계 서비스, 전직 스쿨 프로그램, 재취업을 위한 재도약 프로그램 등 종합 서비스를 무료로 제공한다. 전국 31개 센터가 운영 중이며, 전문 컨설턴트가 구직활동을 지원한다.

'고령자인재은행'은 구직등록자 중 취업 능력을 높일 필요가 있는 사람에게 50시간 이상의 취업 의욕 고취 및 직무 능력 향상 교육을 실시한다. '신중년 경력형 일자리'는 퇴직 후 사회 공헌 및 일자리 지원 정책으로, 신중년의 경력과 전문성을 활용할 수 있는 일자리를 연계한다.

'4050 직업훈련 및 디지털직무역량강화'는 서울시의 정책으로 4050 중장년층의 취업을 지원하기 위해 기업과 협력하여 약국 사무원 양성 과정, 승강기 유지보수, 스마트폰 활용 지도사, 생성형 AI, 데이터 분석, 영상 콘텐츠 제작 등 실질적인 직무 교육과 디지털 환경에 적응하기 위한 실습을 제공한다.

다음은 '건강 및 생활 지원'이다. '국가건강검진'은 국민건강보험공단에서 성·연령별로 다양한 건강검진 항목을 제공하고 있다. 중년층을 위해 이상지질혈증, B형간염, C형간염, 치면세균막검사, 골다공증(여성), 우울증, 생활 습관 평가 등이 포함된다. 50세 이상은 대장암 검진, 간암 고위험군은 간암 검진을 받을 수 있다.

'국민체력100'은 국민의 체력 및 건강 증진을 목적으로 체력 상태를 과학적 방법으로 측정·평가하여 운동 상담 및 처방을 해주는 무상 스포츠 복지 서비스다. '국민건강보험 건강백세운동교실'은 적절한 운동과 건강 교육을 통해 신체 기능 향상 및 건강 생활 유지·개선을 돕는 프로그램으로 연령 제한 없이 전 국민을 대상으로 운영되고 있다.

'중장년 건강관리 지원 및 상담 프로그램(서울런4050)'은 만성질환 위험 요인 보유자들을 조기 발견하고 예방적 공공 서비스를 제공하며, 정신 건강 검진 및 상담 지원도 포함된다.

'생애 설계 지원'도 있다. '생애 경력 설계 서비스'는 만 40세 이상 재직자 및 구직자를 대상으로 생애 경력 설계와 인생 후반부 준비를 지원하는 온·오프라인 교육 프로그램으로, 고용노동부, 한국고용정보원, 중장년내일센터 등에서 무료로 제공하고 있다.

40세 이상 재직자에게는 경력단계에서의 현재 위치 점검, 경력 유지 개별 방법 등을, 50세 이상 재직자에게는 삶의 6대 영역 진단, 강점 영역 및 직업 역량 도출, 경력 설계 방법 학습 등을, 60세 이상 재직자에게는 잠재된 가능성과 생각을 발견하고 새로운 방향의 실행 방안 수립을 그리고 40세 이상 구직자에게는 생애 중간 시점에 본인의 경력을 되돌아보고 제2의 인생 준비하도록 돕고 있다.

'서울시 50플러스포털'은 서울시에서 중장년층을 위한 다양한 일자리 정보, 교육 훈련, 커뮤니티 활동, 생애 설계 프로그램 등을 종합적으로 제공한다. 이 외에도 각 지자체 및 유관 기관에서 중년층을 위한 다양한 맞춤형 프로그램을 운영하고 있어, 거주 지역의 관련 정보를 추가로 확인해 보는 게 좋다.

아마도 생각보다 많은 이런 제도가 있다는 것에 놀랐을 것이다. 정보력 싸움이다. 알고 지원하면 내 것이 되고, 모르고 지나가면 내 것이 되지 않는다. 이제는 회사의 직원이 챙겨주지 않는다. 지속적으로 누릴 수 있는 혜택을 찾아 내 것으로 만들고, 더불어 이를 통해 다양한 정책도 익히면 일거양득이 된다.

 중년 창업 지원 정책

2023년 1월 16일 중소벤처기업부와 창업진흥원은 창업기업(사업 개시 후 7년 이내)의 특성을 조사하는 '창업기업실태조사'를 발표했다. 자료에 따르면 2020년 기준 전체 창업기업 수는 307만 2000개다. 이중 40대 이상 중장년층 창업기업은 239만 3000개로 전체의 77.9%에 해당한다. 청년층 창업기업은 67만 5000개였다. 즉, 중장년 창업기업이 청년층보다 3.5배가량 많은 셈이다. 전체 창업자의 연령은 50대가 31.3%로 가장 많았고, 40대 30.2%, 30대 17.8%, 60대 이상 17.1%, 20대 이하 3.7% 순이었다.

과반수 중장년 창업자는 취업 상태에서 창업을 진행했다고 응답했다(40대 65.4%, 50대 64.8%, 60대 이상 66.3%). 창업기업에 종사하는 고용자 또한 중장년이 대다수였다. 전체 고용인원 361만 1672명 중 중장년은 305만 4581명으로 84.6%를 차지했다. 이에 따라 매출액도 전체 988.5조 원 중 83.3%인 823.3조 원을 중장년 창업기업이 벌어들이는 것으로 나타났다.

보고서에서는 창업을 단계별로 분류했는데, 창업 준비 단계를 살펴보면, 중장년 창업자의 경우 평균 1년 미만의 준비기간을 거쳤다. 가장 긴 준비기간을 거친 것은 50대로 11.2개월이다. 40대는 10.2개월, 60대는 10.7개월 동안 준비했다고 응답했다. 대체로 창업 아이템 및 아이디어의 원천으로 본인을 꼽는 등, 중장년의 88% 내외가 자신의 아이디어로 창업에 도전장을 내밀었다.

창업 관련 프로그램과 정부 지원이 점차 확대하고 있지만, 실제 관련 교육을 경험한 이는 많지 않았다. 중장년 창업자의 약 85%가 교육 경험이 없다고 응답했다(40대 85.0%, 50대 86.2%, 60대 이상 84.8%). 창업 시 소요 자금에 대해서도 정부 출연금·보조금이나 정부 융자·보장을 통해 조달한 경우는 5% 미만이었다. 중장년의 경우 정부 출연금·보조금을 활용한 이는 1%대에 그쳤다.

실제 중장년 창업자의 약 70%는 창업 장애요인으로 '자금 확보의 어려움'을 꼽았다. 창업 실패 및 재기에 대한 두려움도 적지 않았는데(전 연령 평균 35~45%), 오히려 60대 이상에서 이러한 우려는 가장 낮았다(35.1%). 4명 중 1명꼴로 지식·능력·경험의 부족을, 5명 중 1명은 창업 성공 시까지 경제활동 문제를 장애요인이라 말했다.

역설적으로 이들의 창업 동기 또한 경제적 이유가 가장 컸다. 중장년의 절반 이상은 더 큰 경제적 수입을 위해 창업을 하게 됐다고 응답했다(40대 54.0%, 50대 52.8%, 60대 이상 51.3%). 장기 전망이 유리하다고 판단하거나(11~13%), 취업난 및 직장 전망이 불

투명하다고 느껴(11~12%) 창업을 선택한 중장년도 일부 있었다. 별다른 선택이 없어 하는 수 없이 창업을 시작한 경우(16~19%)도 적지 않았다.

중장년의 경우 약 95%는 자기자금으로 창업을 시작했다. 금액별로 보면 창업 시 소요된 자금의 경우 60대 이상은 약 4억 276만 원으로 전 연령대 중 가장 많았다. 이는 20대 이하가 들인 창업자금 약 1억 8011만 원의 2배를 웃도는 금액이다. 30·40대의 경우 2억 8000만 원대였으며, 50대는 약 3억 4418만 원을 투자했다.

창업실행단계 및 성장단계를 살펴보면, 중장년 창업자의 경우 대다수가 창업 이후 부채가 적지 않았다. 40대는 자산 중 76.1%가 부채로, 전 연령대 중 부채 비율이 가장 높았고, 다음으로 60대 이상이 72.0%, 50대가 66.8%로 뒤를 이었다. 손익계산서에서는 40대의 매출액 대비 영업이익이 8.7%로 전 연령대 중 가장 높았다. 50대와 60대 이상은 7.2%를 기록했다.

해당 조사에 참여한 중장년 창업자의 약 64%는 '이번 창업이 첫 번째'라고 응답했다. 40대 이상 창업자들의 전체 창업 횟수는 1.4회로 모두 동일했으며, 2회 이상 창업한 경우는 2.2%로 같은 수치를 보였다. 5회 이상 창업 경험이 있는 응답자는 60대에서 가장 많았다(0.5%),

중년층의 최대 차별적 장점은 바로 풍부한 경험과 전문성이다.

창업의 경우 국가적으로도 중요한 과제로 인식하고 있어 다양한 지원 정책을 마련하고 있다. 주요 창업 지원 정책은 다음과 같다.

'중장년 기술창업센터'는 만 40세 이상 기술 기반 (예비)창업자를 대상으로 한다. 대기업, 공공기관 퇴직자 등 역량 있는 중장년 (예비)창업자를 적극 발굴하여 교육을 실시하고 있으며, 이들을 대상으로 아이디어 검증 및 사업계획서 구체화를 위한 맞춤형 창업 교육 지원한다. 또한 입주 및 코워킹(Co-working), 네트워킹 공간을 제공하며, 입주 및 졸업 기업 대상 네트워킹, 멘토링, 경영·기술·마케팅, 사업화 연계 등을 통해 성장을 지원한다. 일부 프로그램에서는 시제품 제작, 지식재산권 취득, 마케팅 비용 등 최대 1억 원까지 사업화 자금을 지원한다. 전국 27개 중장년 기술창업센터에 직접 방문하거나, K-Startup 홈페이지(www.k-startup.go.kr)를 통해 온라인 신청과 접수를 할 수 있다.

'예비창업패키지(중장년 특화)'는 혁신적인 기술 아이디어를 보유한 만 40세 이상 예비 창업자(사업자 등록이 없는 자)를 대상으로 한다. 창업 교육, 전문가 멘토링, 시제품 개발, 마케팅 등 창업 활동에 필요한 비용을 지원하며, 숙련된 경험과 네트워크를 보유한 중장년을 발굴해 교육부터 사후 관리까지 전주기 지원 서비스를 제공한다. K-Startup 홈페이지(www.k-startup.go.kr)에 공고를 올리므로, 해당 사업에 지원하면 된다.

'초기창업패키지'는 창업 3년 이내의 유망 초기 창업기업을 대상으로 한다. 시제품 제작, 지재권 취득, 마케팅 비용 등 사업화 자금 및 아이템 시장성 검증을 통해 최대 1억 원을 지원한다. 중장년층만을 위한 프로그램은 아니지만, 역량 있는 중년 창업가도 지원 가능하다. 역시 K-Startup 홈페이지(www.k-startup.go.kr)에서 공고 확인과 신청할 수 있다.

'신사업창업사관학교'는 소상공인시장진흥공단에서 시행하는 정책으로 신사업 창업 아이디어를 가진 자로 특히 유망 서비스업 분야 창업에 강점이 있다(음식점, 주점업 제외). 창업 교육 및 점포경영 교육, 사업화 자금 등 최대 2,000만 원을 지원한다.

'재도전성공패키지'는 폐업 이력이 있으나 사업 계획을 보유한 예비 재창업자를 대상으로 한다(부도·파산으로 인한 폐업 시 2년 초과, 일반 폐업 시 3년 초과). 재창업 교육 및 멘토링, 사무 공간 제공, 평균 3,500만 원의 사업화 자금을 지원한다. 중년층 중 과거 창업 실패 경험이 있는 이들에게는 좋은 재기의 기회다.

'지역별 특화 창업 지원'의 경우 '서울시 50플러스포털'은 서울 거주 중장년층을 대상으로 다양한 창업 교육, 컨설팅, 멘토링, 커뮤니티 활동 등 정보를 제공한다. 생성형 AI를 활용한 기술창업, N잡 구축 등 특정 분야의 창업 교육 프로그램도 수시로 운영하고 있다. 또한 지자체별로 지역 특성에 맞는 중장년 창업 지원 사업을 별도로 운영하고 있어 거주 지역의 관련 정보를 확인해 보면 생각하지 못했던 기회를 잡을 수도 있다.

'정책 자금 및 보증 지원' 정책 중 '신용보증기금(신보) 및 기술보증기금(기보)'는 신용보증 및 기술보증을 통해 창업 기업에 자금조달을 돕는다. 창업 단계별로 다양한 보증 프로그램이 있으며, 특히 기술 기반 창업 기업에 대한 지원이 활발하다. '중소기업 정책자금'은 중소벤처기업진흥공단 등에서 운전자금, 시설자금 등 정책자금을 저금리로 융자를 지원한다.

앞에서 본 것처럼 대부분의 정부 창업 지원 사업 공고는 K-Startup(창업지원포털) 홈페이지에서 통합적으로 확인할 수 있다. 사업이 많고, 다양하기 때문에 수시로 방문해 새로운 사업 정보를 얻는 것이 중요하다. 사업 공고 확인 시 주의할 점은, 각 지원 사업은 모집 기간, 지원 대상, 지원 내용이 모두 다르므로 반드시 해당 연도의 정확한 사업 공고문을 확인해야 한다. 또한 지원을 위한 사업계획서도 꼼꼼히 준비해야 한다. 대부분의 창업 지원 사업은 심사를 통해 지원 대상이 선정되므로, 구체적이고 실현 가능한 사업계획서 작성이 필수다.

 ## 자, 이제 시작이다

    한 권의 책이지만, 생각하고 성찰해 표를 채우는 데만 꽤 많은 시간이 소요되었을 것이다. 그리고 이렇게까지 깊게 몰두하고 고민한 적은 그리 많지 않았을 것이다. 그렇게 몰두한 이유를 우리는 잘 알고 있다. 은퇴 후의 삶만큼은 자신이 꿈꾸었던 삶을 살기 위한 것이라는 것을.

    생각해 보자. 베이비 부머 세대가 살아온 지금까지의 삶은, 전쟁을 치른 부모 세대만큼은 아니겠지만 힘들고 고된 시간을 살아왔다. 같은 시기에 태어난 동년배들이 많다 보니 경쟁이 치열할 수밖에 없었다. 현업을 떠나 은퇴하면 그 치열한 경쟁 관계도 끝날 것으로 생각했을 것이다. 그런데 정말 그럴까? 안타깝게도 그렇지 않다. 모두가 비슷한 때에 은퇴를 하니 경쟁은 은퇴 후에도 지속된다.

    직장 생활의 시작은 어땠을지 모르지만, 지금까지 은퇴 과정을 준비한 당신은 그렇지 않은 이들에 비해 훨씬 앞선 출발선에 서 있다. 내가 하고 싶은 일 대신에 책임감으로 살아야 했던, 내가 없던 지난 삶을 보며, 앞으로의 삶에서는 진정한 주인공으로 살기 위해 나를, 그리고 내가 꿈꾸는 삶을 살피고 정했다. 그리고 그것을 이루기 위해 각자의 경험과 경력에서 소중한 자원을 추출했다. 그리고 그것을 더 현실적으로 이루기 위한 재무 계획까지 세웠다. 마지막으로 여기에 힘을 보탤 각종 지원 정책까지 살폈다. 이제 출발 신호에 맞춰 힘차게 달리기할 차례다.

전작, 코칭 기반 은퇴 준비서 〈빨리 은퇴하라〉 이후 많은 강의를 했다. 교육생의 눈빛은 절절했다. 그 간절한 눈빛은 삶에 대한 열정이며, 자신만의 꿈을 반드시 이루고 싶다는 강한 다짐이기도 했다. 〈빨리 은퇴하라〉의 독자는 물론 강의를 하며 새롭게 발견한 것은 '함께하는 힘'이었다. 전작에서도 실행력을 높이기 위해서는 같은 상황에 있는 다른 이와 팀을 이루며 서로 응원하고 지지하는 게 큰 도움이 되었다고 했는데, 실제로 그랬다. 강의도 마찬가지였다. 교육장에 모인 이들의 뜨거운 열망은 어느새 동지애가 되었고, 그 안에서 생각보다 너무나 많았던 정보 교류가 있었으며, 함께 뜻을 모아 동업하는 이들도 상당수였다.

지면의 한계로 책에는 담지 못한 정보, 다양한 툴 그리고 동지애는 강의를 통해 채울 수 있다. 이 책을 읽으며 성찰하고 계획을 세우는 것도 중요하지만 대면 교육에 참여해 더 많은 것을 가져가기를 바란다. 그리고 돈으로 매길 수 없는 가치와 정보, 소중한 이들을 만나 그 꿈을 이루기를 추천한다. 내가 운영하는 마스터피스 얼라이언스는 교육생을 대상으로 멤버십을 운영하고 있으며, 창업 창직 준비는 물론, 창업 창직 후에 필요한 세무, 노무, 재무, 인사, 브랜딩, 마케팅 교육, 서비스 등 다양한 지원을 지원한다.

은퇴가 두려운 것은 경험해 보지 않았기 때문이다. 하지만 은퇴를 준비한 이들에게는 그렇지 않다. 마지막으로 앞에서 작성한 자신을 위해 만든 응원 메시지를 다시 보고 크게 읽어 보자. 당신은 당신이 꿈꾸는 삶을 반드시 이룰 것이다.

그게 당신이다.